中等职业教育技能型人才培养“十三五”规划图书系列——轨道交通

动车组餐服员

实用教程

Dongchezu Canfuyuan
Shiyong Jiaocheng

主　编／付　梦
副主编／江真琼　余　锋

西南交通大学出版社
·成　都·

内容简介

《动车组餐服员实用教程》对动车组专业知识进行分类讲解，内容包括：项目一、职业素养；项目二、职业形象及服务礼仪标准；项目三、餐服乘务人员作业标准；项目四、管理及作业流程图；项目五、安全管理法；项目六、列车突发事件应急处置预案；项目七、餐服乘务人员应知应会；项目八、铁路运营食品许可管理；项目九、铁路餐车和高铁餐吧食品安全管理；项目十、餐饮食品安全管理。

在教材编写中，本着“易学易用，快速掌握基本技巧，迅速应用于实际工作”的原则，既侧重于基本概念与基础知识的讲授，使学生理解透彻，又突出其实用性和可操作性，做到浅显易懂，实用性强。

图书在版编目（CIP）数据

动车组餐服员实用教程 / 付梦主编. —成都：西南交通大学出版社，2018.8（2022.9 重印）

中等职业教育技能型人才培养“十三五”规划图书系列. 轨道交通

ISBN 978-7-5643-6370-3

Ⅰ. ①动… Ⅱ. ①付… Ⅲ. ①高速铁路－铁路运输－餐车－乘务人员－中等专业学校－教材 Ⅳ. ①U293.3

中国版本图书馆 CIP 数据核字（2018）第 195575 号

中等职业教育技能型人才培养“十三五”规划图书系列——轨道交通

动车组餐服员实用教程

主　　编 / 付　梦

责任编辑 / 杨　勇

助理编辑 / 宋浩田

封面设计 / 墨创文化

西南交通大学出版社出版发行

（四川省成都市金牛区二环路北一段 111 号西南交通大学创新大厦 21 楼　610031）

发行部电话：028-87600564　　028-87600533

网址：http://www.xnjdcbs.com

印刷：四川森林印务有限责任公司

成品尺寸　185 mm × 260 mm

印张　10.5　　字数　196 千

版次　2018 年 8 月第 1 版　　印次　2022 年 9 月第 3 次

书号　ISBN 978-7-5643-6370-3

定价　29.00 元

课件咨询电话：028-81435775

前　言

铁路作为国民经济大动脉、国家重要基础设施和大众化交通工具，在我国经济发展中的地位和作用至关重要。高铁产业的蓬勃发展，未来几年，中国高铁建设将进入全面收获期。根据《中华人民共和国国民经济和社会发展第十二个五年规划纲要》《中长期铁路网规划（2008 年调整）》及《“十二五”综合交通运输体系规划》，到 2020 年我国铁路网营业里程将达到 12 万千米以上，建设客运专线 1.6 万千米以上，连接所有省会城市和 50 万人口以上城市，覆盖全国 90%以上人口，“人便其行、货畅其流”的目标将成为现实。高速铁路的发展在面向 21 世纪的中国可持续发展战略中，将产生深远的意义和影响。

为了提高院校教学质量，填补铁路专业教材的不足，根据铁路特殊岗位的需求，经过专家的共同努力，特此编写了本书。通过本书的学习，学生能够将来在入职铁路工作时，快速适应工作岗位的要求，成为有文化、有专业技能的合格人才，为未来进入铁路岗位奠定良好的专业基础。

本书适用于中等职业院校或铁路公司岗位相关培训使用。由于编者水平有限，书中难免有不足之处，谨恳请各位专业教师和同学们批评指正。

教材编写组

2016 年 9 月

目录

项目一　职业素养

我们应靠发自内心地用对工作负责的态度、饱满的精神及优雅的气质来打动旅客。

我们规范自己的行为，在动车组餐服事业中享受工作带给我们的成就感，我们对工作的态度决定了旅客对我们的满意度，我们的目标是让旅客愿意乘坐动车，使动车组餐服产生大量的回头客。

任务一　动车组餐服乘务人员应具备的基本素质

一、动车组餐服工作的服务本质

动车组餐服工作是与人打交道的工作。餐服乘务人员应具备高度的政治觉悟，高尚的道德情操，自觉的组织纪律性，乘务过程中站立行走、动作、姿态的行为应规范，拥有丰富的专业知识、强烈的事业心和责任感，立志成为精神文明的倡导者和实践者。

二、动车组餐服人员应具备的服务意识

（1）以服务为宗旨，待旅客如亲人。

（2）注重礼仪，礼貌热情，不卑不亢。

（3）一诺千金。对旅客的服务要求一旦承诺，就必须提供承诺的服务，对旅客所做的承诺一定要实现。

三、动车组餐服人员应具备的综合素质

1. 餐服人员的职业道德

优质服务，做到主动热情，细心周到。

文明待客，做到行为规范，举止端庄。

勤恳敬业，做到工作勤奋，业务熟练。

廉洁奉公，做到不徇私情，公道正派。

顾全大局，做到密切配合，团结协作。

遵章守纪，做到执行标准，服从命令。

2. 良好的精神品质

（1）热爱动车组餐服事业，忠于职守，具有高度的工作责任心和全心全意为人民服务的精神。

（2）严守国家机密，遵守国家法令、法规和铁路行业条例规章标准。

（3）关心铁路发展，爱护列车设备，团结友爱，谦虚谨慎，平等待人，树立文明风尚。

（4）遵守两纪，廉洁自律，公私分明，不贪占列车上的财物。

（5）加强学习，不断提高自身的服务技能和处理突发事件的能力，以适应动车组餐饮事业发展的需要。

3. 卓越的职业风貌

（1）听从指挥，热爱集体，团结协助，工作认真，有严谨的工作作风。

（2）精神饱满，仪容整洁，行为端庄，举止文明，有健康向上的风貌。

（3）服务主动，细致周到，表情亲切，言语和蔼，有亲和力。

（4）执行标准、落实制度、遵章守纪，有严于律己的自觉性。

4. 自我提升的职业素质

（1）勤奋学习，钻研业务，有较高的文化素养和较为全面的专业知识。

（2）能运用标准普通话，熟练掌握常用英语会话，具备良好的语言和文字表达能力。

（3）了解旅客的不同需求及心理特点，掌握较为全面的服务技巧，具备较高的服务技能。

（4）熟知作业程序和标准，熟悉服务设备设施的基本性能，熟练使用服务设备设施，能为旅客提供准确的服务。

（5）熟知安全措施和应急预案，熟练使用安全设备设施，具备妥善处理突发事件的应急、应变能力。

任务二　动车组餐服乘务人员服务工作中应具备的基本心态

一、树立自身的阳光心态

面对各种不同的旅客，乐观是心胸豁达的体现，是人际交往的基础，是工作顺利和生理健康的保证，是避免挫折的法宝。

在从事餐服工作时，来自旅客、上级、个人等方面的困扰会让自身的心理产生变化，如何对待并以最快的速度调整好情绪显得尤为重要。

首先，要树立为人民服务的思想和正确的人生观、价值观、世界观。

其次，不要对自己过分苛求，应该把奋斗目标定在自己能力所及的范围之内，使自己有圆满完成目标的可能。

最后，工作中要学会自我调节情绪，排除不良干扰，让自己有一个愉快的工作环境和氛围。

二、让你的服务快乐起来

愉快的氛围可以缩短人与人之间的距离，化解令人尴尬的僵局；快乐是沟通彼此心灵的渠道，使人产生一种安全感、亲切感、愉快感。创造一种快乐的服务环境，让旅客在快乐中购买我们的商品，是每一个餐服人员努力的方向。

三、服务要充满爱心

动车组餐服乘务人员在销售的过程中，让旅客体验到正面的情绪影响，是完全抓住旅客心的秘籍。而要让旅客产生愉快的体验，你就必须付出爱心，爱你的产品，爱你的旅客，爱你周围的人，让旅客看到世界光明和温暖的一面。

四、微笑是一种力量

动车组餐服乘务人员在带着满面笑容进行餐饮食品推销时，表明你对旅客抱有积极的期望。你的笑容越真挚，旅客快乐的感觉越强烈，那么成交的可能性也就越大。微笑是对自己的一种鼓励，给自己的一种力量，微笑是可以传递的“兴奋剂”。很多时候，旅客购买的不仅仅是产品本身，更是来自餐服乘务人员身上的热情、自信和力量。

五、用热情打动旅客，用自信赢得尊重

当餐服乘务人员用热情的态度来感染旅客的时候，旅客也会用同样的热情来回报你。即使一个旅客在你的热情面前面不改色，也不代表他无动于衷。冰是可以被热度融化的，而水也是因为热度而沸腾的。如果让一个旅客领略到你前所未有的优质服务和热情，相信他终究会被你打动并达成销售。

动车组餐服乘务人员在进行餐饮销售的过程中，会与形形色色的人打交道，有

财大气粗、权威显赫者，也有博学多才、学识渊博者。要想与在某些方面优于自己的人打交道，并且能够说服他们，赢得他们的信任和欣赏，就必须坚信自己的能力，然后信心百倍地去面对旅客，从容不迫地与他们交流沟通。具备自信的动车组餐服乘务人员是具备独特人格魅力的人，是能够赢得旅客信任和尊重的人。

六、对待旅客要宽容，耐心应对旅客的不合作

动车组餐服乘务人员需要有包容心，要包容和理解旅客。真正优质的服务是根据旅客的需求使他获得满意。不管面对什么样的旅客，都要有一颗宽容的心，要习惯站在旅客的立场上考虑问题，把工作做到周到细致，察言观色，学会控制自己的情绪，这样，你的销售和服务工作才会做得更好。当工作中遇到不配合的旅客时，需要耐心沟通，真诚微笑的服务，全面考虑，掌握重点，同等地重视各位旅客，才能保证优质服务的实现，达到旅客满意的目的。

七、服务要尽善尽美，服务到底，负责到底

随着经济的发展和社会的进步，现在的消费者要比过去的消费者更加精明和理智，在购买过程中获得更优质的服务已经成为他们的迫切需要。因此动车组餐服乘务人员需要具备负责到底的态度，追求更高更好的服务意识，不断完善，不断进步。在销售过程当中，动车组餐服乘务人员要义不容辞地承担起为旅客提供服务的责任，为旅客提供令其感到满意的优质服务，赢得旅客的支持。

任务三　动车组餐服乘务人员处理旅客投诉应采取的基本方法

动车组餐服乘务人员应维护旅客的合法权益，自觉接受旅客监督，虚心听取旅客意见，认真及时地处理旅客投诉，实行首问首诉负责制，让旅客满意。对非本职的投诉应及时转告列车长，妥善处理。动车分公司接到投诉后应立即组织调查，核实并回复相关部门。

一、千万不要推卸责任

作为一名动车组餐服乘务人员，责任心就是你的信誉，也决定着你的业绩。优

秀的餐服乘务人员只知道如何帮旅客解决困难，让他们感受到关心，不会因为事情重大就找借口推卸责任；当遇到旅客投诉时，推卸是最愚蠢的办法，因为这样不仅逃不掉责任，还会令旅客对你失望，更会影响到动车的形象。

二、道歉总是难免的

面对旅客的投诉，无论旅客发出什么样的抱怨，都是对铁路的一种不满。站在旅客的立场上去思考，将心比心，你才能够诚心诚意地去表示理解和同情。因此，所有的旅客投诉的处理，无论已经被证实还是未被证实的，不论责任在谁，都应先向旅客表示歉意，这才是最重要的。

三、言语不触及个人

大多数时候，旅客只对产品有意见，而不是对你本人有意见。他们往往是因为觉得自己的利益受到了损害而大发脾气。如果你因此而大放厥词，只图一时痛快，“赔了夫人又折兵”的损失只有日后你自己知道。所以，聪明的餐服乘务人员会保持理智和冷静的心态，积极思考解决问题的办法，而不是与旅客辩解。

四、巧妙对付“难缠”旅客

在列车服务与销售的过程中，总会遇到一些顽固不化的旅客，而这些难缠的旅客是一种用分裂的、破坏性的手段来使别人注意自己的心理需求的旅客。在面对这些旅客的时候，给予对方尊严是基本道理，要明白自己的工作职责是解决问题，并以协商的口吻与对方进行交流，真切地征求对方的意见；把自己的真心放在旅客的手心，锻炼自己的宽容之心和爱心。当旅客坚持其无理要求而自己确实无法应对时，可提请餐服长、列车长或值班室工作人员来解决。

五、用幽默缓和气氛

销售中的幽默是自信的表现，是能力的闪光，它反映着销售人员的思想、能力、气质与心境。特别是在面对旅客投诉时，利用幽默的特殊作用可以缓和与旅客之间的尴尬气氛，拉近与旅客之间的距离，给旅客留下良好的印象。

六、巧妙避开双方的异议

当旅客提出异议时，动车组餐服乘务人员首先要耐心、积极地倾听；其次，利用肢体语言或口头语言表达出你在用心体会他的意思；再次，在领会了旅客的意思后，要探索性地反问，找到异议根源；最后，选择恰当的技巧和解决方案来解决。

七、给旅客意外惊喜

旅客投诉的目的通常都是希望能获得补偿，他们要求的其实不多，如果你能在补偿的前提下，在自己能力范围内，再给予其一些意外的惊喜，通常会让他们有“柳暗花明又一村”的感觉。这不但会轻松消除旅客的抱怨与不满，更有可能使旅客更忠诚。

八、分流你的坏情绪

无论是谁，都会有不开心的时候。这时，微笑实在是勉为其难的事情。但优秀的动车组餐服乘务人员可以有效地管理自己的情绪，把烦恼留在工作之外。处理旅客投诉工作需要有好的心情，开心愉快地工作，把自己的坏情绪分解掉。分解和淡化烦恼与不快，时时刻刻保持一种轻松的情绪，把欢乐传递给旅客，成为一种需要学习的技术。

项目二　职业形象及服务礼仪标准

良好的职业形象、优质的餐饮服务铸就了我们动车组餐服这道流动的风景线。我们是动车事业面向社会最生动的窗口，我们的言行举止是旅客认知动车组餐服品牌最直接的途径。所以，我们应该时刻提醒自己把最佳状态呈现给旅客。

任务一　动车组餐服乘务人员服务行为的基本要求

（1）动车餐服乘务人员对旅客不同要求提供相应服务，对重点旅客做到重点照顾，有服务，有登记。态度表情亲切自然，优雅庄重，面带微笑，禁止对旅客冷、硬、顶、训。

（2）主动介绍餐吧服务设施、设备及使用方法，乘务中为旅客提供动车餐吧服务指南和食谱价格，介绍菜谱内容。

（3）经常保持餐吧（餐车）温度适宜，按规定，要满足夏季 24 °C ~ 28 °C、冬季 18 °C ~ 20 °C 的控温要求。

（4）乘务作业时不用电话（因工作需要除外）不发短信。

（5）列车晚点要及时向分公司报告，协助列车长做好旅客稳定工作和服务工作。

（6）对旅客提出的合理要求和意见应及时解决，尽量满足旅客，对做不到的事项应说明原因，耐心解释。

（7）承诺旅客的事情，一定要落实解决，言而有信。

（8）在接班前后及工作中不食用大葱、大蒜和韭菜等带有强烈刺激性气味的食品。

任务二　着装标准与规范

一、餐服乘务人员仪容仪表规范

（1）穿着公司规定的制服，整齐大方，佩戴工号牌。

（2）注重仪容仪表，不留奇异发式、蓄胡须、留指甲、戴首饰。

（3）用语简明、通俗、清晰、准确、文明，得礼让人。

（4）工作主动热情，认真负责，仔细周到。

二、餐服乘务人员着装规范

（1）制服穿着得体，不能过瘦或过肥，不得随意改变制服款式。

（2）工作时制服洗净，熨烫平整，无污渍斑点、皱褶、脱线、损扣、残破、毛边等现象。

（3）制服上不得佩戴任何饰物，当班值乘时，必须佩戴职务标志。

（4）不得将笔抽放在衣兜内或衣服前襟。

（5）在非工作时间，除集体活动外，不得穿制服出入公共场合和乘坐动车组列车。

三、餐服乘务人员夏装着装规范

（1）穿着夏装时，女性餐服乘务人员连裤袜的颜色应统一为咖啡色，不得出现破洞、抽丝等现象。

（2）穿着夏装时，男性餐服乘务人员袜子的颜色统一为黑色，每天更换，统一佩戴领结，上衣应束于裤内，制服必须干净整洁。

（3）统一佩戴领花或丝巾。

（4）制服上装每天都需水洗。

（5）皮鞋必须是黑色，款式应简洁朴素，不得有任何装饰物，保持光亮无破损，女餐服乘务人员皮鞋后跟高度不高于30毫米。

四、餐服乘务人员春秋装、冬装着装规范

（1）女性餐服乘务人员穿着秋装、冬装时，所有纽扣和拉链应扣好、拉紧，统一佩戴领带，衬衣应束在裤子或裙子内，衬衣的衣袖不能卷起。

（2）男性餐服乘务人员穿着秋装、冬装时，袜子的颜色应统一为黑色，每天更换，所有纽扣和拉链应扣好、拉紧，统一佩戴领结，衬衣应束于裤内，衬衣的衣袖不得卷起。

（3）裤子必须干净、平整、有裤线，不可有光亮感。

五、餐服乘务人员围裙穿着规范

（1）穿着围裙的时间：始发收岗后开始佩戴围裙，终到站立岗前摘取围裙；折返站终到、始发立岗（除部分列车运行时间较短，折返次数多的车次外）均不佩戴

围裙。

（2）保证围裙干净、平整、整齐，穿戴完毕后应互相整理，穿戴围裙时必须佩戴工号牌。

六、职务徽章佩带规范（见图 2-1）

（1）穿着制服时，餐服乘务人员应佩带职务徽章。

（2）职务徽章（工号牌）应别于左胸上方，与上衣第二颗纽扣平行。

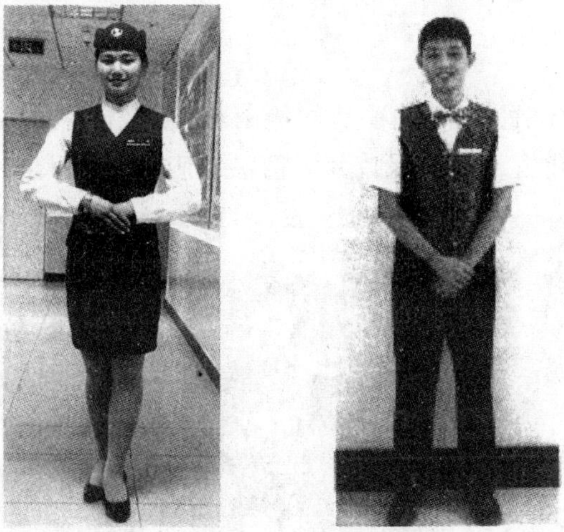

图 2-1

七、拉杆箱、乘务包管理规范

（1）餐服人员出乘时应保证出乘物品携带齐全。

（2）餐服人员必须使用分公司统一发放的拉杆箱，拉杆箱上不得悬挂、张贴任何饰物。

（3）所有拉杆箱须统一佩挂分公司发放的标识牌，并在标识牌上工整填写使用人的姓名。

（4）出乘餐服人员集体行动时，以餐服长的拉杆箱为准，摆放整齐，摆放时要求整齐端正。

（5）出乘准备会结束后，餐服班组可将拉杆箱统一放于指定区域，箱子应竖直放置，整齐地排列，不能超出指定区域。

（6）餐服人员在不着冬装外套、帽子的情况下将外套、帽子整齐地摆放在拉杆箱上。

（7）在拿取拉杆箱时，餐服人员应仔细查看拉杆箱上的标识，在确认是自己的拉杆箱后再拿取，避免拿错造成后续班次的波动，如不慎拿错，应在第一时间向餐服长汇报。

（8）餐服人员应爱护拉杆箱，确保其完好，如因个人使用不当造成拉杆箱损坏，应立即到仓库登记、购买。

任务三　餐服乘务人员仪容举止标准

一、微笑

让他人在三米外的位置就可以看到你绝对标准迷人的微笑，面容和祥，嘴角微微上翘，露出六或八颗牙齿，注意保持牙齿清洁以表示对他人的尊重。如图 2-2 所示。

图 2-2

二、女性餐服乘务员

1. 头部

头发保持干净，有光泽，无头皮屑，不得染色，短发最短不得短于两寸，长发最长不得超过衣领底线，刘海应保持在眉毛上方，禁止理奇异发型；任何一种发型都应梳理整齐，使用发胶、摩丝定型，不得有蓬乱感觉；头发两侧鬓角应使用黑色发卡固定，不得有头发掉下来，头发应保持黑色，不得使用假发套；发夹、发箍应为无饰物黑色；佩戴规定头花。头花佩戴高度不宜过高，高度不能超过外耳轮上部。

2. 面部

面部保持清洁，出乘前必须按要求画淡妆。基本要求：肤色自然，突出眉毛、眼影、眼线、腮红、唇膏。眉毛应修剪秀丽、整齐，眉笔应使用黑色、深棕色，眼影与制服颜色协调；不得使用假睫毛；不得佩戴带框架眼镜及有色隐形眼镜；唇线颜色应与唇膏颜色一致，不得使用不健康色唇膏；不得化奇异妆容。工作中还应注意补妆，补妆应在洗手间或乘务员室进行。

3. 耳部

可佩戴一副直径不超过 3 毫米的铂金、钯金或纯银耳钉。不得佩戴有色（包括黄金）耳钉、耳环和耳坠。

4. 手腕

可佩戴一块正装手表，必须走时准确。不得佩戴异形、夸张的手表、手链和手镯等饰物。

5. 手部

双手保持清洁健康，指甲修剪整齐美观，无凹凸不平的边角，保持肉色，不涂指甲油，手指甲长度不超过手指尖 2 毫米，长度应保持一致。不得佩戴戒指，如图 2-3 所示。

图 2-3

三、男性餐服员

头部：头发保持干净，有光泽，无头皮屑，不得染色。发型要修剪得体，轮廓分明，头发应梳理整齐，使用发胶、摩丝等定型，不得有蓬乱的感觉；头发两侧鬓角不得长于耳垂底部，前面不遮盖眼镜，后部不长与衬衣领；不得剃光头、烫发和剪板寸头；头发应保持黑色，不得使用假发套。

1. 面部

面部保持清洁，不得留胡须。

2. 耳部

不得佩戴耳钉、耳环、耳坠。

3. 手腕

可佩带一块正装手表，必须走时准确，不得佩戴异形、夸张手表、手链和手镯等饰物，不得系带怀表。

4. 手部

双手保持清洁健康，手指不得有抽烟留下的熏黄痕迹，指甲修剪整齐美观，无凹凸不平的边角，手指甲长度不超过手指尖 2 毫米，长度应保持一致，不得佩戴戒指。

图 2-4

任务四　行为动作标准

一、站姿标准

餐服乘务人员站立时挺胸收腹，双肩下沉，颈部正直，收下巴，身体自然挺直，面带微笑。女性餐服乘务人员双脚并拢，右脚略向后，脚尖分开成“丁”字形，双手四指并拢，交叉相握，右手叠放在左手之上，自然垂于腹前。男性餐服乘务人员立岗时，双脚分开，与肩同宽，脚尖略向外张，双手放在身后，左手半握拳，右手握住左手手腕处。

餐服乘务人员在站台接车、立岗、工作闲暇间都要保持标准站姿，为了长时间的保持标准，需要我们不断的练习。

二、坐姿标准

入座前，腿与座椅应有 30 厘米的距离，就座后上身挺直，略向前倾，不得斜肩倾背、抱胸、曲腰或闭目，不得打趣、玩笑和直接面对旅客整理个人仪容仪表，注意保持专业坐姿和良好的精神面貌。女性餐服乘务人员，右手轻抚后裙摆（手心向上），左手自然放在身体一侧，坐下后脚略向前移，双膝、双脚并拢，大小腿之间成角度不小于 90 度的夹角，双手五指并拢自然放在腿上。男性餐服乘务人员，坐下后，双脚略分开，膝关节分开与之同宽，双手五指伸直或轻握拳放在双腿之上。

三、行姿标准

挺胸收腹，颈部正直，目视前方，身体自然挺直，双臂自然摆动，双脚内侧在同一直线上行走，不左右摇摆，脚步不过重、过大、过急（特殊情况下除外），行走要礼让，与旅客走对面时要主动停下，伸手示意让路，不与旅客抢道、并行。女性餐服乘务人员在旅客周围巡视时，双手可自然相握，抬至腰间，与服务人员按规定集体进出站时，随同客运车班列队行走，携带箱包行走时，统一右手拖箱，应队列整齐，步伐一致，整齐统一。

图 2-5

四、蹲姿标准

脚在前，一脚在后，两腿向下蹲，前脚全着地，小腿基本垂直于地面，后脚跟抬起，脚掌着地，臀部向下，女餐服乘务人员着裙装时，蹲下前先扶裙（见图 2-6 捡拾物品动作和蹲姿）。

图 2-6

五、举止动作标准

餐服人员在工作中要时刻注意自己的仪容仪表、举止言谈。不在公共场所修指甲，挖鼻孔，剔牙齿，掏耳朵，伸懒腰；不用手指人，不随地吐痰，乱扔杂物；不大声喧哗、谈笑和影响他人；不在旅客面前打手机。打喷嚏和打哈欠时要用手捂住口鼻，面向一旁。

六、迎送旅客动作标准

迎送旅客时，身体鞠躬为30°应面带微笑，双脚并拢，脚尖略分开，双手四指并拢，交叉相握，右手叠放在左手之上，自然垂于腹前，身体向前，给旅客道歉时，身体鞠躬45°。

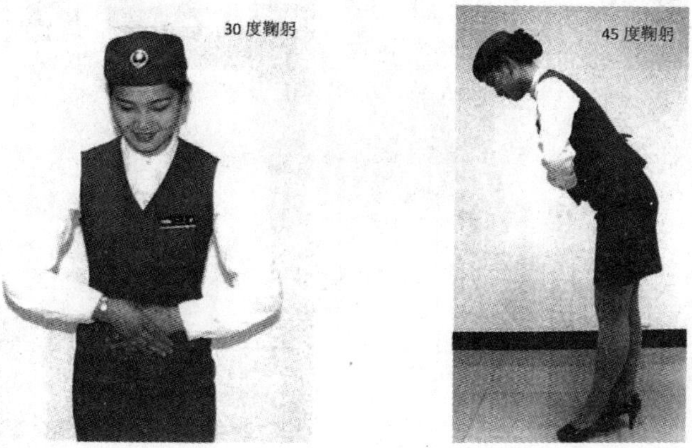

图 2-7

七、端拿递送餐食标准

（1）端托盘时，双手端住托盘的后半部分，大拇指握紧托盘内沿，其余四指拖住托盘底部，托盘的高度应在腰间以上胸部以下，托盘端平，微向里倾斜，托盘上的放置品不应过高，以不超过胸部为宜，拿东西时，应轻拿轻放。

（2）拿水杯时，应轻拿轻放。一手握住水杯把（无把手水杯应拿水杯下端的 1/3 处），一手轻托水杯底部。

（3）递送东西时，应站在旅客的正面与其呈 45 度角的地方，双手递送；递送东西应到位，当对方接稳后再松手，并注意周围是否有旅客和其他工作人员并行或通过，送到旅客身边时应提醒旅客注意端拿及注意饮用烫口。为旅客送东西时要保证及时和周到，不要有遗漏。

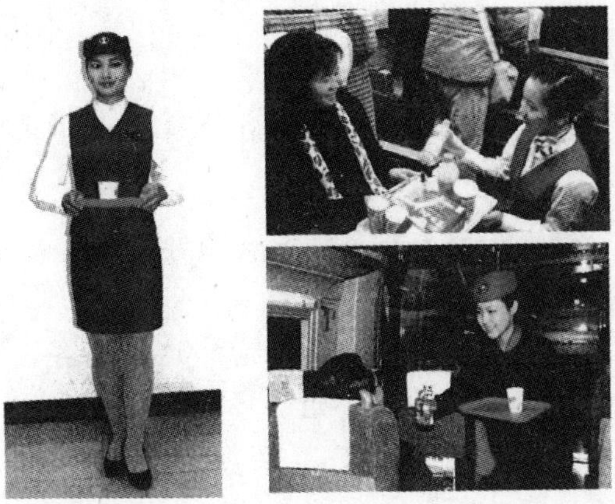

图 2-8

八、发送餐商食品标准

为旅客发送物品时，应主动介绍品名，严格遵循发放原则，先左后右，先里后外，先宾后主，先女后男，对于熟睡的旅客，要轻轻唤醒，不准有粗暴或不礼貌的行为。

任务五　文明服务用语标准

在工作中应口齿清楚、语气温和、用词文雅、简洁适中、态度诚恳、语速快慢适当、音量高低适中，给对方以体贴信赖感。经常使用文明礼貌用语有助于树立专业的形象，说话时不做其他事情，特殊情况下可使用方言。

一、文明用语

要求：同旅客谈话，回答问话时，要说普通话。要语言简练，通俗易懂，音调柔和，态度热情。“请”字当头，“谢”字随口，解答站立，逢人让路。“请”“您”“劳驾”“麻烦”“谢谢”常在口。做到有问必答，语言清晰易懂，详细准确。

服务工作中要做到“三声”与“三轻”。

三声：客到有迎声、客问有应声、客走有送声。

三轻：说话轻、走路轻、操作轻。

二、旅客称呼规范

要求：语言要亲切，称呼要恰当，音调适中。

称呼标准如下：

（1）对领导：首长，领导，××首长，××领导。

（2）对团体：旅客们，各位旅客。

（3）对个人：同志，解放军同志，这位同志，这位旅客，这位先生。

（4）对外宾：朋友，先生，女士，小姐。

（5）对学生：同学，小同学，小朋友。

（6）对长者：老大爷，老大娘。

三、基本服务用语

（1）坚持讲“好”的话：您好、你们好、中午好、下午好、晚上好。

（2）迎客用语：您好！欢迎光临！先生（小姐）请问需要点什么？

（3）送客用语：谢谢光临，欢迎再次光临，先生（女士）再见，请慢走，先生（女士）请走好。

（4）节日用语：祝您节日愉快！祝您新年快乐！

（5）旅客为餐服人员的工作带来方便时，本着感谢的态度说：“谢谢”“谢谢您”。

（6）不能立刻为旅客提供服务时，本着认真负责的态度说：“请您稍候”或“请您稍等一下”。

（7）对待等候的旅客，本着真诚的态度表示歉意：“对不起，让您久等了”。

（8）因打扰旅客或给客人带来不便时，本着真诚的态度表示歉意：“对不起，打扰了”或“实在对不起”。

（9）旅客对服务表示感谢时，本着谦虚的态度：“请不用客气，这是我们应该做的”“能为您服务感到非常高兴”“您过奖了，如有做得不周到的地方，请多多指教”。

（10）旅客离开时，本着热情而真诚的态度说：“再见”“您慢走”“欢迎下次光临”。

四、文明服务用语例句

（1）早上好，先生（小姐）。

（2）请稍后，我马上×

（3）请等一等，我马上……

（4）您好，请问您需要点什么？

（5）您喜欢什么饮料，我们有×

（6）请问，您还需要什么，我们这里还有×

（7）真对不起，这个需要一点时间，请您多等一会好吗？
（8）真对不起，这个卖完了。
（9）如果您不介意的话，我向您推荐×
（10）对不起，让您久等了，这×
（11）真抱歉，耽误您很长时间了。
（12）先生，这是您要的。
（13）请付××钱，谢谢！
（14）对不起，您有零钱吗？
（15）先生（小姐）这是找您的钱，请收好，谢谢！
（16）希望您对我们的工作提出宝贵意见。
（17）非常感谢您的意见。
（18）十分感谢您的热心指教。
（19）谢谢您的光顾。
（20）谢谢！欢迎您再来。
（21）您好！欢迎乘车！
（22）不客气（不用谢），这是我们应该做的。
（23）请您抬抬脚，别碰脏了您。
（24）谢谢您的配合！
（25）请您协助我们保持餐车的卫生。
（26）找您钱，请收好！
（27）打扰您了！麻烦您了！
（28）您有什么困难，请不要着急，我们尽力帮助解决。
（29）很抱歉，我们马上改进。
（30）对不起，请让一下（劳驾、借过）
（31）请您先过。
（32）请您到××车厢办理补票手续。
（33）请不要在车厢里吸烟。
（34）请您注意安全。
（35）对不起，请按顺序来。

五、动车组餐服人员服务忌语

（一）餐服人员与旅客沟通的八忌

1. 忌抢

谈话时，突然打断旅客的讲话或抢过旅客的话题随心所欲地发挥，扰乱旅客说话的思路，粗鲁地“剥夺”旅客说话的机会。

2. 忌散

说话内容庞杂，重心不明，主旨不清，语句散而乱，使旅客有“你不说我还清楚，你越说我越糊涂”的感觉。

3.忌泛

讲话泛泛而谈，没有中心，使旅客不得要领，无所适从；看似健谈，但废话连篇，浪费旅客时间，给人以哗众取宠之嫌。

4. 忌急

说话连珠炮似的，使旅客应接不暇；发问过急过密，使旅客穷于应付，使用步步紧迫的口吻，同时使旅客难以接受。

5. 忌空

只唱高调，没有实际内容，把服务宗旨挂在嘴上，但没有行动表现，就会成为“说话的巨人，行动的矮子”。

6. 忌横

在谈话中，切忌突出自我，个人意见第一，轻率地下结论，丝毫不尊重旅客的意见；当旅客某些话题上谈兴正浓时，却武断地把话题转移到自己感兴趣的方面去。

7. 忌虚

说话故弄玄虚，云山雾罩，让对方迷惑不解；说话虚情假意，缺乏真诚，使旅客感到餐服人员根本不想为解决困难助一臂之力。

8. 忌滑

说话躲躲闪闪，回避矛盾，避重就轻，支支吾吾，敷衍塞责；用语油腔滑调，低级庸俗。

（二）餐服人员服务忌语例句

（1）不能使用的服务忌语。

① 旅客到餐车时，不能直接对客人说：“要吃饭吗？你们一共几个人？”

② 当餐车的座位已满时，不应对后来的客人说：“没有座位了，你再等会儿吧”。

③ 当旅客点餐时，不能向旅客说：“要什么饭？”

④ 在询问旅客就餐人数时，不能直接问：“你们几个人？”

⑤ 在旅客不清楚自己的座位号时，不能直接对客人说：“你先去看一下您的座位号吧！”

⑥ 在旅客身体不佳表示慰问时，不能讲：“您有病？”

⑦ 接触身材不甚理想的人士时，尤其对自己最不满意的地方，例如：体胖之人的“肥”，个低之人的“矮”，都不能直言不讳。

⑧ 餐服人员不能以貌取人，以鄙视的语气询问："你买得起吗？"或"这是你这号人用的东西吗？"

⑨ 餐服人员不允许给对方答以"我也不知道"或"从未听说过"等不耐烦之语。

⑩ 如再需要旅客交零钱，或没有零钱可以找时，餐服人员不能直截了当地对旅客说："拿零钱来"。

（2）服务忌语的口语例句。

① 喂！说你呢！

② 不知道，问别人去！

③ 谁让你不看着点儿。

④ 看着点，别挡着。

⑤ 我不知道，我怎么知道，没办法。

⑥ 我就这态度，有能耐你告去，随便告哪都不怕。

⑦ 不行，不可以，不能。

⑧ 没有了，哪有，绝对没有。

⑨ 到底要不要，想好了没有。

⑩ 快点儿，赶快上，赶快下。

⑪ 让开，快把脚拿开。

⑫ 我解决不了，你愿意找谁就找谁去。

⑬ 刚才和你说过了，怎么还问。

⑭ 价目表上都写着呢，你不会自己看啊。

⑮ 你问我，我问谁。

⑯ 干什么呢，快点。

⑰ 不好意思，不是我的错。

⑱ 不是告诉你了吗，怎么还不明白。

⑲ 不能放这儿，自己找地方放。

⑳ 越忙越添乱，真烦人。

㉑ 我有什么办法，又不是我让它坏的。

㉒ 没见我正忙着吗，急什么？

㉓ 喊什么，等一会儿。

㉔ 烦死了。

㉕ 对不起，这不在我的职责范围内。

㉖ 说慢点，我没听清。

㉗ 好了，好了，知道了。

㉘ 我们不可能什么事都知道。

㉙ 我们也没办法了，要不就这样吧。

㉚ 他们早就订了，你订晚了

六、列车服务实用接待英语

（一）常用单词

（1）Station/railway station 车站

（2）Platform 站台

（3）Passenger 旅客

（4）Train 列车

（5）car/carr age/coach 车厢

（6）Seat 座位

（7）Dining car/restaurant car/diner 餐车

（8）conductor/conductress 男（女）列车员

（9）Chief conductor/conductress 男（女）列车长

（10）Train policeman/policewoman 男（女）乘警

（11）Train crew 列车乘务组

（12）Chief conductor’s office 列车长办公席

（二）对话

1. 迎接旅客上车

① Good moming/aftemoon/evening，sir/madam. 先生/女士，上午好/下午好/晚上好

② May I check your ticket?/Show me your ticket，please?/Ticket，please. 请您出示车票

③ Get ong please./Go aboard，please. 请上车。

④ Thank you. / Thanks a lot.谢谢。

⑤ You are welcome. / It’s my pleasure./My pleasure. / Don’t mention it. / Not at all. / That’s all right. 不用客气。

2. 领座

① Can I help you? 您需要帮助吗？

② What can I do for you? 我能为您做些什么？

③ This way，please./Follow me，please. 请您跟我来。

④ It’s in the fourth row from this end. 从这头起第四排。

⑤ It’s in the fourth row from the other end. 从那头起第四排。

⑥ please go to the other end of the coach. 请走到车厢的那一头。

3. 车厢内作业

① Please put your luggage on the rack. 请把行李放在行李架上。

② Let me put your suitcase on the rack. 我把您的手提箱放在行李架上吧。

③ smoking is not allowed in the cabin. /No smoking in the car. 车厢内禁止吸烟。

4. 解答问讯

① 列车运行时间情况。

P：When does the train arrive in Beijing? 这趟车几点到北京？

c：At five to nine in the morning. 早上 8:55 分到。

P：Is the train on time? 列车正点吗？

C：Yes，sir. 列车现在正点。

P：What’s the next stop，please? 下一个停车站是哪儿？

C：lt’s Zhengzhou，sir. 是郑州站，先生。

② 列车到达晚点情况

The train arrives in Beijing at.... 列车将在…点…分到达北京。

Are we on time?列车正点吗？

The trains due to arrive there at...列车应该…点…分到达。

③ 时间。

The train is five minutes late. / The train is five minutes late behind time./We are delayed (about) five minutes. 列车晚点 5 分。

④ 听不清楚时。

Sorry, I don’t quite understand you. 对不起，我不大明白你的意思。

I’m sorry. Could you speak slowly? 对不起，您能说得慢点吗？

I beg your pardon? 请再说一遍好吗？

⑤ 告别用语。

Hope you take our train next time. 希望您下次还乘坐我们的列车。

Please get off at the front door. get on in rear door. 前门下，后门上。

If your luggage is too large for the rack.please put it in NO.X compartment. 行李超出行李架，请放到大件行李处。

任务六　餐车营销语言技巧

餐车营销是餐服工作的主要环节，营销语言的巧妙应用是餐服人员专业知识和服务技巧的集中体现。要求餐服乘务人员在营销的时候具备高度的责任心和耐心，以及对旅客的宽容心，在与旅客沟通时要主动热情，用语文明礼貌，尽量使用选择性、建议性的语言，不强买强卖。

餐服乘务人员推车下车厢进行销售或为旅客进行订餐服务时，在车厢宣传时要求说普通话，口齿清晰，音量适中，控制在旅客座位两档之内，根据实际情况编辑一些朗朗上口的宣传语言。

（1）可以根据现有品种分类编辑成宣传用语；如：“各类零食、饮料、小吃、点心、酒水供应，有需要的旅客吗？”“午餐/晚餐供应……有需要的旅客吗？”

（2）可以根据现有品种名称宣传：如“鸭脖、鸭肫、牛肉干，凤爪、花生，有旅客需要吗？”“现供应红烧牛肉，宫保鸡丁……套餐，有旅客需要吗？”注意一次不喊过多的品种，语句不宜过长，以免旅客听不清楚。

（3）利用品牌效应编辑宣传语言：如“精武鸭脖，青岛啤酒，雀巢咖啡，有需要的旅客吗？”旅客在餐车或者推车上选购时，餐服乘务人员要主动热情地为旅客服务。

（4）礼貌问候“您好，很高兴为您服务”“您好，欢迎光临”等。

（5）征询旅客需要，如“您需要什么吗？”“您需要喝点什么吗？”“您需要零食还是饮料？”

“您需要用餐吗？”“您需要订餐吗？”“您大概什么时间用餐？”等。

（6）与旅客沟通帮助旅客做出选择，如“您爱吃甜食吗？”“您平常能吃辣吗？”“这个是低糖的，可能比较适合您？”“这个是微辣的，需要来一份吗？”“我们现在有……几种套餐，你喜欢哪一种呢？”“您是喜欢吃牛肉还是鸡肉呢？”等。

（7）诱发旅客其他需要，可适当地使用敬语或亲昵的语言。如“您还需要什么吗？”“您需要搭配什么饮料吗？”“您可以来瓶啤酒一起吃的，需要吗？”“您可以各来一个，味道都很好的。”“两种搭配一起吃，会有不一样的味道哦！”“这个是我们地方特色食品，您可以带回去给亲人朋友尝一下的，需要多来一份吗？”“您用餐时需要配汤吗？”等。

（8）在旅客犹豫不决的时候，可以适当地的给旅客施加压力促成销售，这个时候注意语气要亲切，态度和蔼，一定要保持微笑。如“您需要的话就得抓紧了，车上存货已经不多了”“这个可是我们的明星产品，卖得最好了”“推车上卖得只剩最后一个了，待会儿推回来可能就没有啦！”等。

（9）当推车上没有旅客需要的食品而餐车有时，要跟旅客做好解释工作，如“不好意思，这个推车上的卖完了，您如果需要我等会儿给您带过来”或“推车上没有了，但是餐车还有，您可以去餐车选购的，餐车在×号车厢”“您可以去餐车用餐，餐车现在有空位”等。

（10）订送餐时旅客所点餐食需加热，或加热时间较长时，主动解释，告知等待时间，如“不好意思，您点的餐品需加热，你可能需要多等一会儿，可以吗？”如果旅客等不及，主动推荐一些快捷食品，如“您如果等不及，可以先吃点其他食品，我们这里还有一些蛋糕点心（面条）等。”

作为一名销售人员，为了更好地为旅客介绍你的产品，你必须先了解你的产品。对于我们的商品，我们需要了解它的一些基本信息，比如商品品牌、名称、规格、产地、有效时间、基本味道等。在这个基础上我们也可以了解一些商品的广告标语、趣味故事、营养成分、制作工艺等，在推销的时候可以更大地刺激旅客的购买欲望，来提高商品的售出概率。

如“这个精武鸭脖是我们武汉的特色小吃，味道很好的”“精武鸭脖可是全国有名的”“您可以放心吃，这个鸭脖辣口不辣心的，吃了不上火”“这个是高蛋白，营养丰富着呢”“这个是低脂肪的，可以益气补血，降血脂的”等。

在介绍餐品时要突出重点并有针对性，对特殊情况要做好事先说明。如“热链餐食无须加热，可即食；冷链餐食微波炉加热充分后方可食用；常温链为真空包装罐头类食品，卫生安全，微波炉加热后方可食用。”

旅客选好商品后要跟旅客核实购买情况，准确无误后再结账，结账时要唱收唱付（订送服务时还要做好登记，登记内容：旅客所在车厢号，座位号，预订食品品种、数量、价钱。食用时间等，送到后再结账）如“您买了料套餐 2 份，蛋花汤 2 份，矿泉水 1 瓶，合计料钱”“收您××钱，找您××钱，您清点一下”“您好，您点的餐好了，麻烦您接一下，小心烫，谢谢您。”“请您慢用”等。

项目三　餐服乘务人员作业标准

餐服工作的价值体现在对细节管理的精致，后面的内容将详细告诉大家在实际工作方面要遵照哪些职责标准以及作用和意义。

任务一　动车组餐服乘务人员岗位职责

一、餐服长岗位职责

（1）服从指挥，完成上级布置的各项任务。

（2）负责召开出、退乘会，传达相关要求。

（3）负责组织列车配餐工作。

（4）负责组织实施动车组餐吧营销工作，督促餐服人员遵照标准作业，确保餐服质量及安全。

（5）服从列车长的管理，在业务上服从列车长的监督。

（6）负责餐吧保洁及卫生检查工作。

（7）负责收集旅客对列车餐饮服务工作的意见，受理旅客餐饮（服）投诉，协助列车长解决旅客困难。

（8）负责餐服紧急情况下的处置与指挥，并及时向主管部门汇报。

（9）负责餐服乘务组在折返站及住宿期间的管理。

（10）负责各类信息反馈，并提出改进建议。

二、餐服员岗位职责

（1）在餐服长的领导下，完成餐饮的服务工作。

（2）负责餐吧（车）餐饮的各项准备工作，按标准布置餐厅、餐吧、餐台和补充各种商品，负责送餐车、售货车的卫生和整理工作。

（3）负责餐车安全设备、设施的检查和安全操作。

（4）负责做配发物品（食品和服务工具）交接等工作。

（5）负责餐车的卫生和备品保管工作。

（6）负责餐车商品的销售工作。

（7）负责作业区域各种紧急情况的处理。

（8）负责向餐服长反映各类信息，提出合理化建议。

（9）完成分公司和餐服长布置的其他工作。

三、专职餐服员岗位职责

（1）服从指挥，完成上级布置的各项任务。

（2）负责一等座旅客餐商的供应及组织列车配餐工作。

（3）负责组织实施高铁一等座营销工作，督促餐服人员按照标准作业，确保餐服的质量及安全。

（4）服从列车长管理，在业务上服从列车长监督。

（5）负责一等座保洁及卫生检查工作。

（6）负责收集一等座旅客对列车餐饮服务工作的意见，受理旅客餐饮（服）投诉，协助列车长解决旅客的困难。

（7）负责作业区域各种紧急情况的处理。

（8）负责向餐服长反映各类信息，提出合理化建议。

（9）完成分公司和餐服长布置的其他工作。

任务二　餐服乘务人员基本作业标准

一、出乘签到

（1）餐服组按规定时间报到、待班。餐服长到值班室请示工作，接受任务。请领台账资料、备品和税票。检查出乘人员的证件是否齐全。

（2）餐服长按规定时间带好班组人员上岗证、健康证，仪容标准列队到值班室点名，听取值班员传达的有关命令，接受提问。请领《餐服人员出乘工作报告》《餐服组经营报告》《餐饮服务许可证》及相关台账资料。

（3）餐服长和一等座专职餐服乘务人员到商品部清点上车物品。清点完毕，确认无误后由清点人进行签收。其他餐服乘务人员跟随车班排队进站，准备接车。

二、配送交接

（1）在配送员的协助下依据列车供应品种，餐食摆放要求，摆放在指定位置，做到整齐排列，摆放稳固。

（2）中途及时补充吧台、小推车上的货物，保持排列整齐、美观。

（3）终到前清点、回收，餐服长负责填写《配备回收单》中售卖的数量、金额、回收数量等，到站后与配餐基地办理物品交接，要做到填写清楚，交接准确。

（4）对餐车、餐吧卫生打扫及服务用具进行清洗、消毒，终到前按照《高铁动车餐车卫生保洁条例》标准，对餐车卫生及服务用具进行全方面地打扫及维护。

三、始发作业

（1）接车后，餐服长检查吧台内设备设施是否作用良好（插座、冰箱、微波炉、电茶炉），检查微波炉与插座的瓦数是否匹配，餐车是否有水。指挥餐服乘务人员按照各自的分工进行工作。餐服长负责悬挂餐饮服务许可证，同时负责餐车备品的定型定位、陈列柜商品的摆放。

（2）一等座专职餐服乘务人员找列车长报到，及时将“六个一”服务备品定位装车。在物流配送人员的协助下依次将备用饮料、毛巾、特色点心等分别装箱封闭，定位存放。

（3）一号餐服乘务人员协助物流配送人员上餐、上商品以及备品。上完物品之后，检查商品售货车的刹车装置是否良好，擦抹商品售货车，负责商品售货车的商品摆放。

（4）二号餐服乘务人员协助餐服长作业，并做好接待工作，引导、安排需要用餐的旅客就餐。

（5）三号餐服乘务人员负责餐车补充卫生，擦抹、扫地、拖地。卫生做完以后将清扫用具定位存放。

（6）餐服长和餐服乘务人员始发工作完毕后，根据乘务人员立岗布局图的要求，在指定位置立岗。

① 寺职餐服乘务人员在 3 车与 2 车风挡处，面向站台立岗。

② 餐服长在餐车吧台内立岗。

③ 餐服乘务人员在餐桌前，面向站台立岗（靠近吧台的大餐桌，餐服乘务人员依次站开，小能偷靠餐桌）。

餐服乘务乘务员立岗要求：

（1）在列车进出站台前，餐服乘务人员必须到指定位置执行立岗作业，立岗时面向站台，保持标准站姿。

（2）车门立岗的餐服乘务人员，在旅客乘降时要有标准的迎送提示语言和指引动作，首先 30 度鞠躬，然后说“您好，欢迎乘车”“再见，欢迎下次乘车”。

（3）在车门立岗时，要做好安全宣传（宣传词：请大家上（下）车时不要拥挤，注意车底与站台间隙，以防踏空摔伤）并协助需要帮助的旅客上下车。

（4）在车厢立岗时要有指示语言及动作，帮助旅客就座。

图 3-1

四、推车售卖作业

（1）餐服销售人员，每站开车 5 分钟后推车至各车厢销售商品，区间运行时间达到一小时以上的，推车不得少于两次。推车从餐车西侧由近到远，按车厢顺序销售，主动询问旅客，有旅客询问或购买时，做到动作迅速、、操作平稳，钱款要做到“唱收唱付”交接清楚。推完一趟后回餐车，餐服乘务人员先理货、补商品，然后整理个人仪容仪表，并做好餐车途中卫生清理。非开餐区间餐服长根据卫生状况，布置卫生突击。

（2）遇到列车晃动过大，应先停止售卖，踩刹车固定好手推车，保持平衡，坚守岗位，待列车运行平稳后，恢复送餐售卖，做到售卖车性能良好，推行售卖平稳安全。

（3）送热饮食时，做到稳、慢，并注意周围是否有旅客经过，送到旅客身边时应提醒旅客注意端稳、拿好，注意饮用时可能会有的烫口。

（4）遇到旅客要求加餐饮时，介绍旅客到餐车购买，做到主动热情。

（5）售卖过程中如果有旅客要经过，应侧身让旅客先过。

图 3-2

任务三　动车组餐车标准作业指导书

一、380AL型高速列车餐车标准作业指导

（一）学习制度

分公司值班（派班）室通知参加学习的人员在学习室学习。

（二）待班制度

出乘前一天晚18:00整由餐服长带领餐服员到分公司值班（派班）室报到，值班员组织召开出乘会；同时，餐服长在派班室请示当趟车的出乘任务，请领台账资料、备品、税票，请领物品准确并签认。检查出乘人员的证件是否齐全。出乘会结束以后，餐服长和“六个一”专职餐服员到库房清点上车物品。

然后餐服班组在分公司指定待班室待班。待班期间餐服人员应充分休息，严禁脱岗、离岗，严禁饮酒，如有违反，立即停止其出乘。当班值班员随时查岗。

（三）出乘派班点名制度

出乘前，餐服班组全体人员从待班室列队出发，按照规定的时间，准时到达分公司值班（派班）室。餐服班组标准：全体人员按照出乘仪容仪表、着装标准。列队出发时，按照餐服长、女餐服员、男餐服员的顺序，统一右手拖箱，左手不再携带其他物品，成一列纵队行走。途中禁止出现：随便讲话、打手机（餐服长因工作需要除外）、手插口袋、吃东西、并排走路等违反乘务纪律的行为。

值班员点名派班时，餐服班组标准：按照餐服长、女餐服员、男餐服员的顺序，按照站姿标准列横队站立，首先餐服长进行汇报：“这次餐服班组整备完毕，各类证件、备品齐全，请指示”。然后值班员传达事项。餐服长接受提问，请领当趟车的《餐服人员出乘工作报告》《餐服班组经营报告》《餐服服务许可证》《食品流通许可证》《高铁商务座、特等座、一等座“六个一”温馨服务人数统计表》《高铁商务座旅客供餐服务统计表》及相关出乘台账。值班员传达事项结束以后，餐服员手机统一交餐服班长集中管理：乘务中除餐服班长因工作需要使用手机外，其他人员不得使用手机；列车终到到达终点站，乘务人员站台集合时餐服长将统一退还餐服人员的手机。

（四）餐商食品及备品核对

派班点名完毕后餐服长和指定餐服员到库房清点核对上车物品。

标准：做到账物相符，保证餐商食品以及备品的数量和质量达到要求。

餐服长清点核对的上车物品包括：餐商食品、消耗品、清洁用具、托盘、水壶、垃圾袋、备用的方便筷、客运温馨服务箱等以及其他备品。

指定餐服员清点核对“六个一”温馨服务备品，包括：饮料、茶包、点心、湿纸巾、水壶、纸杯等。

餐服人员清点核对物品时，应检查配备物品的数量、质量和安全性，保证物品的数量和单据配发量相符合，清点完毕、确认无误后由清点核对人签名。然后由物流配送人员将物品送上站台，同时清点物品的餐服长和指定餐服员按照餐服长、餐服员的顺序，统一右手拖箱，左手不携带其他物品，列纵队上站台接车。

（五）接车

（1）清点核对完物品的餐服长和专项餐服员在站台接车时，按照餐服长、餐服员的顺序，站在配送车的右侧，列横队站立，保持站姿标准，乘务箱包统一放在右手边，摆放整齐。列车进站时，全体人员行注目礼，列车停稳后，餐服人员列纵队从 10 号车厢车门上车。

（2）派班点名完毕后，其他餐服员到武汉站铁路公寓与当趟车次的列车长汇合，进行对接，由指定餐服员将本趟乘务餐服人员的证件交给列车长检查登记。然后餐服人员与车班其他人员，按照列车长、列车员、餐服员、保洁员的顺序，右手拖乘务箱包，列纵队出乘。标准：队列整齐，手拖箱包一致，除列车长左肩背票包，列车员左手拎列车红十字药箱，保洁员左手拎保洁工具箱外，其他人员左手不再携带其他物品。

列车始发前 1 个小时全体人员列队到达站台，在 8 号车厢车门停车位置，在距站台盲道内沿 2 米处列横队站立，列车长位于列车进站方向，全体保持站姿标准。乘务箱包统一放在右手边，摆放整齐。列车进站时，全体人员行注目礼，列车停稳后，餐服人员随车长上车后迅速到餐车，开始始发作业。

（六）上下列车

要求：车未停稳前严禁上下列车；严禁飞乘飞降。

（七）始发作业

（1）餐服人员上车后，及时把乘务箱（穿着冬装时，先将大衣放置在乘务箱里面）定位存放，位置在 9 号车厢备品柜左侧下层。

（2）一号餐服长检查吧台内设备是否作用良好（插座、冰箱、微波炉、电茶炉），检查微波炉与插座瓦数是否匹配，餐车是否有水。指挥餐服员按照各自分工进行工作。同时负责餐车备品定型定位、陈列柜商品摆放。与列车长交接客运温馨服务箱，并签字。

（3）二号一等座车专职餐服员找列车长报到，及时将“六个一”服务备品定位装车。备品装车前补充擦抹专项服务车。专项服务车内上部用 2 个托盘隔出上、下两层，上层的托盘放置备用茶包、统计表、记录本和笔、清洁布，下层摆放特色点心盒；专项服务车内下部摆放特色点心盒及饮料 9 瓶、一次性航空杯或纸杯适量。

物品摆放按照定型标准，做到安全、便利、整齐、美观，摆放稳固。专项服务车展示台摆放 2 个水壶和防倒架，防倒架内放置各品种饮料各一瓶及一次性航空杯或纸杯一提（不拆包装倒放）；一次性航空杯或纸杯放置于防倒架内前排左手处。

同时，一等座车专职餐服员清点两份各 15 套特色点心盒、“六个一”服务用品及备品，与 1 车和 16 车列车员办理交接，并签字。

一等座车专职餐服员按规定时间将专项服务车定位摆放在 2 车与 3 车风挡处，靠客室侧板壁处（站台另一侧），避免堵塞车门、通道。专项服务车短边与边门平行。

（4）三号餐服员协助物流配送人员上餐品、商品以及备品。上完物品之后，检查商品售货车的刹车装置是否良好，补充擦抹商品售货车卫生，负责商品售货车的商品摆放。

（5）四号餐服员协助餐服长作业，将餐、商品分类放进冰箱、储藏柜，定位摆放，并做好接待工作，引导、安排需要用餐的旅客就餐。

（6）五号餐服员负责餐车补充卫生，擦抹、扫地、拖地，卫生做完以后将清扫用具定位存放。

（7）立岗。餐服长和餐服员始发工作完毕后，按照乘务人员立岗布局图要求，在指定位置立岗。

立岗标准：按标准站姿，使用欢迎词，指引、协助旅客乘降。引导、安排需要用餐的旅客就餐。

立岗安全宣传词：

请大家下车时，不要拥挤，注意车底与站台间隙，以免踏空摔伤。

请大家上车时，不要拥挤，注意车底与站台间隙，以免踏空摔伤。

立岗位置：

始发立岗位置：

① 一号餐服长在餐车吧台内立岗。

② 二号一等座车专职餐服员在 2 车与 3 车专项服务车旁，面向站台立岗。

③ 三、四号餐服员在 1、2 号餐桌长座椅靠背中间前，面向站台立岗（立岗时按照女餐服员、男餐服员的顺序站立，不能倚靠座椅靠背）。

④ 五号餐服员在 11 车风挡处，面向站台立岗。

中途立岗位置：

① 一号餐服长在餐车吧台内立岗。

② 二号一等座车专职餐服员在 2 车与 3 车专项服务车旁，面向站台立岗。

③ 三、四号两名餐服员在餐车时，立岗位置在 1、2 号餐桌长座椅靠背中间的前面，面向站台立岗（立岗时按照女餐服员、男餐服员的顺序站立，不能倚靠座椅靠背）。

④ 一名餐服员在餐车时，立岗位置在 2 号餐桌长座椅靠背中间前，面向站台立岗（立岗时不能倚靠座椅靠背）。

⑤ 五号餐服员在 11 车风挡处立岗，面向站台立岗。

终到立岗位置：

① 餐服长在餐车吧台内立岗。

② 二号专职餐服员、三号餐服员在 1、2 号餐桌长座椅靠背中间前，面向站台立岗（立岗时按照女餐服员、男餐服员的顺序站立，不能倚靠座椅靠背）。

③ 四号餐服员在 2 车与 3 车风挡处，面向站台立岗。

④ 五号餐服员在 2 车风挡处立岗，面向站台立岗。

CKH380AL乘务人员立岗定位图

车型	商务车	一等座		二等座		二等座		二等座	餐车	二等座	二等座	二等座		二等座		商务车
车厢号	1	2	3	4	5	6	7	8	9	10	11	12	13	14	15	16
定员	13	56	56	85	73	85	85	85	38	85	85	85	85	85	85	13
门内	1号列车员		2号专职餐服乘务人员	1号保洁员		2号保洁员		2号列车长	餐服长3、4号餐服乘务人员	3号列车员	5号餐服乘务人员	3号保洁员		4号保洁员		4号列车员
门下								列车长								

（八）商品的陈列、摆放标准

安全、整齐、便利、美观。

（九）中途作业

（1）围裙佩戴标准：餐服人员佩戴围裙时必须佩戴工号牌。汉口站、武汉站、武昌站列车始发出站台后，餐服人员及时佩戴围裙；汉口站、武汉站、武昌站列车终到进站台前，餐服人员及时摘取围裙后终到立岗。中途各站佩戴围裙，不得摘取围裙，异地折返站不佩戴围裙。

（2）销售作业。

① 推车销售。

标准：主动、亲切、热情、账物相符、交付及时。推车服务是为车厢旅客提供食品和商品的一种服务项目，满足旅客消费需求。作为餐服长和餐服员要对本餐车所出售餐品商品的种类做到心中有数，掌握相关的知识，餐食的文化背景知识，妥善回答旅客的问询。每站开车 5 分钟后，餐服员推商品车下车厢出售商品。

餐服员推完一趟后回餐车，先理货、补商品，然后整理个人仪容仪表，与下一趟推车时间间隔不能超过 10 分钟，并协助餐服长做好餐车途中卫生清理的工作。

餐服员推车下车厢进行销售时，要注意防止推车碰撞到列车设备和旅客，销售进行时必须踩上推车的刹车，保证推车不失控。在进行推车销售时，不允许大声叫卖，必须做到两排一问，对旅客要一个一个或者一档一档的询问，询问时需要面带微笑："先生或女士，打扰了（您好）我们现在有红茶、绿茶、矿泉水，请问您需要哪一种？"餐服员在车厢进行推车销售时，如有旅客和其他工作人员通过，餐服员应先停止销售，踩上推车的刹车，请旅客和其他工作人员先通过。

② 餐车销售。

旅客进入餐车时，餐服员应主动询问、指引，如旅客需要购买餐、商品时，主动介绍餐车供应品种，热情服务；为坐在餐车的旅客端送已购买的餐、商品时，做到端得稳、送得准、送得及时。

餐服员在旅客购买餐、商品时，一定要唱收唱付，根据旅客需求提供等额税票。

（3）饮品服务。

标准：操作安全、递送安全、食用安全、确保卫生。在餐车当旅客点好了所需饮品后，先帮旅客安排好座位，请其稍做等侯。如果有旅客需要热饮，冲好后用托盘送过去，行走要注意安全，将热饮端平稳；如需送多杯热饮，应分批送。如有旅客和其他工作人员并行或通过时，餐服员应先停下来请旅客和其他工作人员先通过。给旅客递送热饮时，应确定对方接稳后再松手或直接放在餐桌上，一定要提醒旅客"小心烫"，防止烫伤旅客。热饮需保持一定的温度，禁止为旅客提供"温吞水"。在车厢内有旅客点好所需的热饮时，进行热饮冲泡时一定要小心，防止烫伤旅客。如果需在餐车冲泡时，一定要先将旅客的座位号记录清楚。

用托盘端送热饮送到车厢时，如有旅客和其他工作人员要并行或通过时，餐服员应先停下来请旅客和其他工作人员先通过，并注意端稳手中的饮品。递给旅客时先协助旅客打开小桌板或者请旅客协助打开小桌板，将饮品放在专放饮品的凹槽处，一定要提醒旅客"小心烫"，防止烫伤旅客。送饮品时必须使用托盘。餐服员在为旅客端送已点好的饮品时，一定要唱收唱付，根据旅客需求提供等额税票。

（4）餐食服务。

标准：食用安全、卫生。动车组列车的服务宗旨是"旅客至上"，就餐时间必须首先保证旅客供应，乘务餐与旅客餐的时间错开。

供餐方式：

① 在就餐时间提前一小时（10 点、16 点），一等座车专职餐服员在一等座车为每位旅客进行一对一订送餐到座位的服务，服务的顺序为先 3 号车厢旅客，后 2 号车厢旅客。

一等座车专职餐服员为旅客进行订餐服务进出车厢时，应面向旅客鞠躬致谢。具体要求如下。

a. 餐服员进入车厢订餐时，如方向为面对旅客，应左手拿订餐卡和笔，右手叠放在左手之上，自然垂于腹前，保持站姿标准，然后面向旅客鞠躬致意。鞠躬完毕，开始进行订餐服务。

b. 餐服员进入车厢订餐时，如方向为背对旅客，应左手拿订餐卡和笔，右手叠放在左手之上，自然垂于腹前，自然行走至车厢另一端，调整方向面向旅客保持站姿标准，然后面向乘客鞠躬致意。鞠躬完毕，开始进行订餐服务。

餐服员为旅客进行订餐服务时，询问每位旅客是否有订餐、送餐需求，要向旅客说明虽然我们是订送餐到座位服务，但餐食是收费的，可以这样说："先生，您好！午餐/晚餐时间到了，请问您需要订餐吗？餐车供应的品种有营养餐每份××元、红烧牛肉饭每份××元，另外有蛋花汤每杯×元，请问您需要哪一种餐？"并做好详细记录。记录含订餐时间、座位号、份数、餐食品种、送餐时间和特别需要等，并复述记录情况请旅客确认。然后按照旅客的需求进行送餐服务，在规定时间将餐食送至旅客手中，如在规定时间内不能送餐，应提前向旅客表示歉意，并重新确认送餐时间。餐服员在为旅客送餐对，一定要唱收唱付，根据旅客需求提供等额税票。

② 商务座车旅客免费餐供应时间：早餐时间为 8:00 前，中餐时间为 11:30 ~ 12:30，晚餐时间为 17:30 ~ 19:00。

③ 餐服长根据当趟车次的运行时间，确定售餐的时间，做好冷链餐品的预热工作，然后将准备出售的餐品（含餐具）装入送餐车，由餐服员推到车厢进行售卖。

④ 出售的餐品数量较少时，可以使用托盘售卖。餐服员在车厢售卖餐品时，将送餐车上的餐品品种逐一向旅客介绍，使用礼貌用语，可以这样说："先生（各位旅客），您好！餐车现在开始供应午餐了，供应的各种营养餐每份××元，红烧牛肉饭每份××元，另外有蛋花汤每杯×元，请问您需要哪一种餐？"如果旅客对餐品有其他要求，餐服员应解释说明餐车有其他供应品种，旅客可以到×号餐车，自己购买。餐服员为旅客提供餐食服务时，按照食品安全要求和标准化作业要求，必须佩带卫生口罩、一次性手套和围裙，同时送上套装餐具，并用"小心烫"提醒旅客防止被烫伤。

（5）中途餐车卫生。

标准：地面、餐桌洁净，无油腻，车厢内无异味。餐服人员途中做好台面的清理，擦抹，清理时必须使用托盘。同时做好餐车地面的随脏随扫。

（6）食余垃圾处理。

标准：清理及时。旅客在餐车用餐完毕后，餐服人员及时将餐桌上的餐盒、饮料瓶、杯子等旅客不需要的物品收回（必须使用托盘），动作要轻柔，防止杂物泼洒溅漏。清理时可以用“先生（女士），您好！请问桌上的这些东西您还需要吗？”（给旅客一个手势指出）或者是“您桌上的东西我可以帮您收了吗？”等文明用语，如果旅客同意，我们要微笑地说：“谢谢您。”回收的物品应及时倒入废物箱内，并负责更换垃圾袋（更换新的垃圾袋后要及时注水）。根据规定，将准备投放的垃圾袋扎口，在指定的停靠站垃圾投放点投放。

指定垃圾投放站：武汉站、汉口站、郑州站、郑州东站、信阳东站、石家庄站、太原站、西安北站、北京西站、青岛站、合肥站、南京站、常州站、宁波站、广州南站、长沙南站、深圳站、宜昌东站。

（7）一等座专职餐服员中途作业。

同武汉旅服高铁商务座车及一等座“六个一”温馨服务管理办法。

（8）开好乘务餐。按规定的就餐时间，做好乘务人员的就餐工作。

（十）终到作业

（1）终到前理货。

① 列车到达终点站前最后一个区间，一等座车专职餐服员最后一次为一等座车旅客续加饮品，然后将备品及剩余物品推回餐车。对“六个一”温馨服务物品进行清点，并填写《高铁商务座、特等座、一等座“六个一”温馨服务人数统计表》和《高铁商务座旅客供餐服务统计表》，做到填写清楚，准确，无涂改，并由本次列车长和餐服长、一等座车专职餐服员签字确认，退乘交分公司派班室。

② 列车到达终点站前40分钟，餐服班组进行剩余餐商食品及备品的清点工作，并将所有物品归类整理，装箱退库（餐服长与列车长交接客运温馨服务箱，并签字）。

（2）餐服长整理台账资料和账务，填写《餐服人员出乘工作报告》中的本趟主要工作内容，做好工作人员的乘务餐签认；填写《餐服班组经营报告》。同时，餐服长与列车长对接，由列车长填写《餐服人员出乘工作报告》中的列车长考核及评语内容。标准：填写规范。

（3）终到卫生。在整理完餐商食品及备品后，餐服员做好终到卫生。做到分工明确，互相配合。标准：餐车各部位内外洁净，无油腻，无死角。更换垃圾袋（更换新垃圾袋后要及时注水，将准备投放的垃圾袋扎口，在指定的停靠站垃圾投放点投放）。

（4）终到立岗。

（5）列车到达终点站后，餐服人员协助物流配送人员迅速卸下退库物品，餐服长和一等座车专职餐服员到库房进行退库交接，按项交接，互相签字，不空交，不信用交接（餐服长与物流配送人员交接客运温馨服务箱，并签字）。标准：做到交接记录清楚、准确。其他餐服人员在8号车厢门口的站台上集合，列队听取列车长趟乘务工作小结。

（6）交班，缴款。

餐服长到库房办理好退库交接，完成分公司值班（派班）室的交班工作，提交

《餐服人员出乘工作报告》《餐服班组经营报告》和《餐饮服务许可证》《食品流通许可证》，汇报当趟车工作，提交当趟车餐营款。标准：汇报准确，账目清楚。

一等座车专职餐服员到库房办理好退库交接，及时到分公司派班室交班，提交《高铁商务座、特等座、一等座“六个一”温馨服务人数统计表》和《高铁商务座旅客供餐服务统计表》。

二、2C 型高速列车餐车标准作业指导书

（一）学习制度

分公司值班（派班）室通知参加学习人员在学习室学习。

（二）待班制度

出乘前一天晚 18:00 整由餐服长带领餐服员到分公司值班（派班）室报到，值班员组织召开出乘会；同时，餐服长在值班（派班）室请示当趟车的出乘任务，请领台账资料、备品、税票，请领物品准确并签认。检查出乘人员的证件是否齐全。出乘会结束以后，餐服长和“六个一”专职餐服员到库房清点上车物品。

然后餐服班组在分公司指定待班室待班。待班期间餐服人员应充分休息，严禁脱岗、离岗，严禁饮酒，如有违反，立即停止其出乘。当班值班员随时查岗。

（三）出乘派班点名制度

出乘前，餐服班组全体人员从待班室列队出发，按照规定的时间，准时到达分公司值班（派班）室。餐服班组标准：全体人员按照出乘仪容仪表、着装标准。

列队出发时，按照餐服长、女餐服员、男餐服员的顺序，统一右手拖箱，左手不再携带其他物品，呈一列纵队行走。途中禁止出现随便讲话、打手机（餐服长因工作需要除外）、手插口袋、吃东西、并排走路等违反乘务纪律的行为。

值班员点名派班时，餐服班组标准：按照餐服长、女餐服员、男餐服员的顺序，按站姿标准列横队站立，首先餐服长进行汇报：“G××次餐服班组整备完毕. 各类证件、备品齐全，请指示。”然后值班员传达事项。餐服长接受提问，请领当趟车的《餐服人员出乘工作报告》《餐服班组经营报告》《餐饮服务许可证》《食品流通许可证》《高铁商务座、特等座、一等座“六个一”温馨服务人数统计表》和《高铁商务座旅客供餐服务统计表》及相关出乘台账。值班员传达事项结束后，餐服员手机统一交餐服长集中管理；乘务中除餐服长因工作需要可以使用手机外，其他人员不得使用手机；列车终到到达终点站，乘务人员站台集合时餐服长将餐服员的手机统一退还。

（四）餐商食品及备品核对

派班点名完毕后，餐服长和指定餐服员到库房清点核对上车物品。标准：做到

账物相符，保证餐商食品以及备品达到数目和质量的要求。

需要餐服长清点核对的上车物品包括：餐商食品、消耗品、清洁用具、托盘、水壶、垃圾袋、备用方便筷、客运温馨服物箱等以及其他备品。

指定餐服员清点核对“六个一”温馨服务备品，包括饮料、茶包、点心、湿纸巾、水壶、纸杯等。

餐服人员清点核对物品时，应检查配备物品的数量、质量和安全性，保证物品的数量和单据配发量相符和，清点完毕、确认无误后由清点核对人签名。然后队列出发，按照餐服长、女餐服员、物流配送人员是顺序将物品送上站台；同时清点物品的餐服长和指定餐服员按照餐服长、餐服员的顺序，统一右手拖箱，左手不再携带其他物品，列纵队上站台接车。

（五）接车

（1）清点核对完物品的餐服长和指定餐服员在站台接车时，按照餐服长、餐服员的顺序，站在配送车的右侧，列横队站立，保持站姿标准，乘务箱包统一放在右手边，摆放整齐。列车进站时，全体人员行注目礼，列车停稳后，餐服人员列纵队从 5 号车厢车门上车。

（2）派班点名完毕后，其他餐服员到武汉站铁路公寓与当趟车次的列车长汇合，进行对接，由指定餐服员将本趟乘务餐服人员的证件交给列车长检查登记。

然后餐服人员与车班其他人员，按照列车长、列车员、餐服员、保洁员的顺序，右手拖乘务箱包，列纵队出乘。标准：队列整齐，手拖箱包一致，除列车长左肩背票包，列车员左拎列车红十字药箱，保洁员左手拎保洁工具箱外，其他（包括餐服）人员左手不再携带其他物品。

列车始发前 1 小时全体人员列队到达站台，在 7 号车厢车门停车位置，距站台盲道内沿 2 米处列横队站立，列车长位于列车进站方向，全体保持站姿标准。乘务箱包统一放在右手边，摆放整齐。列车进站时，全体人员行注目礼，列车停稳后，餐服人员随车长上车后迅速到餐车，开始始发作业。

（六）上下列车

未停稳前严禁上下列车；严禁飞乘飞降。

（七）始发作业

（1）餐服人员上车后，及时把乘务箱包（穿着冬装时，先将大衣放置在乘务箱里面）定位存放，位置在 4 号车厢废物箱内侧。

（2）一号餐服长检查吧台内设备设施是否作用良好（插座、冰箱、微波炉、电茶炉），检查微波炉与插座瓦数是否匹配，餐车是否有水。指挥餐服员按照各自分工进行工作。负责餐车备品定型定位、陈列柜商品摆放。同时将餐品、陈列摆放后剩余的商品分类放进冰箱、储藏柜，定位摆放。与列车长交接客运温馨服务箱并签字。

（3）二号一等座车专职餐服员找列车长报到，及时将“六个一”服务备品定位装车。备品装车前补充擦抹专项服务车卫生。专项服务车内部用 2 个托盘隔出上、下两层，上层的托盘放置备用的茶包、统计表、记录本和笔、清洁布，下层摆放特色点心；专项服务车内下摆放特色点心盒及饮料 9 瓶、一次性航空杯或纸杯适量。物品摆放按照定性标准，做到安全、便利、整齐、美观、摆放稳固。专项服务车展示台摆放 2 个水壶和防倒架，防倒架内放置各种类的饮料各一瓶及一次性航空杯或纸杯一提（不拆包装倒放）；一次性航空杯或纸杯放置于防倒架内前排左手处。

一等座车专职餐服按照规定时间将专项服务车定位摆放在 7 号车厢风挡处，靠客室侧板壁出（站台另一侧），避免堵塞车门、通道。专项服务车短边与边门平行。

（4）三号餐服员协助物流配送人员上餐、上商品以及备品。并配合餐服长做好接待的工作。上完物品之后，检查商品售货车的刹车装置是否良好，补充、擦抹商品售货车，负责商品售货货车的商品摆放。同时协助餐服长做好接待工作，引导、安排需要用餐的旅客就餐。

（5）四号餐服员负责餐车补充卫生，擦抹、扫地、拖地、卫生做完以后将清扫用具定位存放，位置在 6 号车厢废物箱内侧。

（6）立岗。餐服长和餐服员始发工作完毕后，根据乘务人员立岗布局图要求，在指定位置立岗。

立岗标准：按标准站姿，使用欢迎词，指引、协助旅客乘降，引导、安排需要用餐的旅客就餐。

立岗安全宣传词：

请大家下车时，不要拥挤，注意车底与站台间隙，以免踏空摔伤。

请大家上车时，不要拥挤，注意车底与站台间隙，以免踏空摔伤。

立岗位置：

始发、中途立岗位置：

① 一号餐服长在餐车吧台内立岗。

② 二号一等座车专职餐服员在 7 车专项服务车旁，面向站台立岗。

③ 三号餐服员在餐车吧台旁，面向旅客的上车方向立岗。

④ 四号餐服员在 3 车风挡处，面向站台立岗。

终到立岗位置：

① 一号餐服长在餐车吧台内立岗。

② 二号一等座车专职餐服员在餐车吧台旁，面向旅客的上车方向立岗。

② 三号餐服员在 7 车风挡处，面向站台立岗。

④ 四号餐服员在 3 车风挡处，面向站台立岗。

CRH2C乘务人员立岗定位图

车型	二等座				二等座		二等座				一等座		二等座	
车厢号	1		2		3		5		6		7		8	
定员														
门内		1号保洁员				4号餐服乘务员		2号列车员	餐服长3号餐服乘务员	2号保洁员		1号列车员2号六个一专职餐服乘务人员		
门下														
								列车长						

（八）商品的陈列、摆放标准

安全、整齐、便利、美观。

（九）中途作业

1. 围裙佩戴标准

餐服人员佩戴围裙时必须佩戴工号牌。汉口站、武汉站、武昌站列车始发出站台后，餐服人员及时佩戴围裙；汉口站、武汉站、武昌站列车终到进站台前，餐服人员及时摘取围裙后终到立岗。中途各站佩戴围裙，不得摘取围裙，异地折返站不佩戴围裙。

2. 销售作业

（1）推车销售。标准。主动、亲切、热情、账物相符、交付及时。推车服务是为车厢旅客提供食品和商品的一项服务，能满足旅客的消费需求。作为餐服长和餐服员要对本餐车所出售的餐品和商品的种类做到心中有数，掌握相关的知识，餐食的文化背景知识，妥善回答旅客的问询。每站开车 5 分钟后，餐服员推商品车下车厢出售商品。

餐服员推完一趟后回餐车，先理货、补商品，然后整理个人仪容仪表，与下一趟推车的时间间隔不能超过 10 分钟，并协助餐服长做好餐车途中卫生的清理工作。

餐服员推车下车厢销售时，要注意防止推车碰撞餐车设备和旅客，进行销售时必须踩上推车的刹车，保证推车不失控。在进行推车销售时，不允许大声叫卖，必须做到两排一问，对旅客要一个一个或者一档一档的询问，询问时需要面带微笑地说："先生或女士，打扰了（您好），我们现在有红茶、绿茶、矿泉水、点心，请问您需要哪一种？"餐服员在车厢进行推车销售时，如有旅客和其他工作人员通过，餐服员应先停止销售，踩上推车的刹车，请旅客和其他工作人员先通过。

（2）餐车销售。

旅客进入餐车时，餐服员应主动询问、指引，如旅客需要购买餐、商品时，主动介绍餐车的供应品种，热情服务；为坐在餐车的旅客端送已购买的餐、商品时，做到端得稳、送得准、送得及时。

餐服员在旅客购买餐、商品时，一定要唱收唱付，根据旅客需求提供等额税票。

（3）饮品服务。

标准：操作安全、递送安全、食用安全、确保卫生。在餐车当旅客点好了所需饮品后，先帮旅客安排好座位，请其稍做等侯。如果有旅客需要热饮，冲好后用托盘送过去，行走要注意安全，将热饮端平稳；如需送多杯热饮，应分批送。如有旅客和其他工作人员并行或通过时，餐服员应先停下来请旅客和其他工作人员先通过。给旅客递送热饮时，应确定对方接稳后再松手或直接放在餐桌上，一定要提醒旅客“小心烫”，防止烫伤旅客。热饮需保持一定的温度，禁止为旅客提供“温吞水”。在车厢内有旅客点好所需的热饮时，进行热饮冲泡时一定要小心，防止烫伤旅客。

如果需在餐车冲泡时，一定要先将旅客的座位号记录清楚。用托盘端送热饮送到车厢时，如有旅客和其他工作人员要并行或通过时，餐服员应先停下来请旅客和其他工作人员先通过，并注意端稳手中的饮品。递给旅客时先协助旅客打开小桌板或者请旅客协助打开小桌板，将饮品放在专放饮品的凹槽处，一定要提醒旅客“小心烫”，防止烫伤旅客。送饮品时必须使用托盘。餐服员在为旅客端送已点好的饮品时，一定要唱收唱付，根据旅客需求提供等额税票。

（4）餐食服务。

标准：食用安全、卫生。动车组列车的服务宗旨是“旅客至上”，就餐时间必须首先保证能满足对旅客的供应，旅客餐与乘务餐时间错开。

供餐方式：

（1）在就餐时间提前一小时（10 点、16 点），一等座车专职餐服员在一等座车为每位旅客进行一对一订送餐到座位的服务。

一等座车专职餐服员为旅客进行订餐服务进出车厢时，应面向旅客鞠躬致谢。具体要求为：

① 餐服员进入车厢订餐时，如方向为面对旅客，应左手拿订餐卡和笔，右手叠放在左手之上，自然垂于腹前，保持站姿标准，然后面向旅客鞠躬致意。鞠躬完毕，开始进行订餐服务。

② 餐服员进入车厢订餐时，如方向为背对旅客，应左手拿订餐卡和笔，右手叠放在左手之下，自然垂于腹前，自然行走至车厢另一端，向后转身保持站姿标准，然后面向旅客鞠躬致意。鞠躬完毕，开始进行订餐服务。

餐服员为旅客进行订餐服务时，询问每位旅客是否有订餐、送餐的需求，要向旅客说明我们是订送餐到座位服务，餐食是要收费的，可以这样说：“先生，您好！午餐/晚餐时间到了，请问您需要订餐吗？餐车供应的品种有营养餐每份××元、红烧牛肉饭每份××元，另外有蛋花汤每杯×元，请问您需要哪一种餐？”并做好详细记录。记录含订餐时间、座位号、份数、餐食品种、送餐时间和特别需要等，并复述记录情况请旅客确认。然后按照旅客的需求进行送餐服务，在规定时间将餐食送至旅客手中，如在规定时间内不能送餐，应提前向旅客表示歉意，并重新确认送餐时间。餐服员在为旅客送餐时，一定要唱收唱付，根据旅客需求提供等额税票。

（2）餐服长根据当趟车次的运行时间，确定售餐的时间，做好冷链餐品的预热，然后将准备出售的餐品（含餐具）装入送餐车，由餐服员推到车厢进行售卖。

（3）当出售的餐品数量较少时，可以使用托盘售卖。

餐服员在车厢售卖餐品时，将送餐车上的餐品品种逐一向旅客介绍，使用礼貌用语，可以这样说："先生（各位旅客），您好！餐车现在开始供应午餐了，供应的品种有营养餐每份××元，红烧牛肉饭××元，另外有蛋花汤每杯×元，请问您需要哪一种餐？如果旅客对餐品有其他需求，餐服员应解释说明餐车有其他供应品种，旅客到×号餐车，自己购买。餐服员在旅客购买餐品时，一定要唱收唱付，根据旅客需求提供等额税票。餐服员为旅客提供餐食服务时，按照食品安全要求和标准化作业要求，必须佩戴口罩，一次性手套和围裙，同时送上套装餐具，并提醒旅客"小心烫"，防止烫伤旅客。

（5）中途餐车卫生。

标准：地面、餐桌洁净，无油腻，车厢内无异味。餐服人员途中做好台面的清理，擦抹，清理时必须使用托盘。同时做好餐车地面的随脏随扫工作。

（6）食余垃圾处理。

标准：清理及时。旅客在餐车用餐完毕后，餐服人员及时将餐桌上的餐盒、饮料瓶、杯子等旅客不需要的物品收回（必须使用托盘），动作要轻柔，防止杂物泼洒溅漏。清理时可以这样说："先生（女士），您好！请问桌上的这些东西您还需要吗？"（给旅客一个手势指出）或者是"您桌上的东西我可以帮您收了吗？"等文明用语，如果旅客同意，我们要微笑地说："谢谢您"。回收的物品应及时倒入废物箱内，并负责更换垃圾袋（更换新垃圾袋后要及时注水）。根据规定，将准备投放的垃圾袋扎紧，在指定的停靠站垃圾投放点投放。

指定垃圾投放站：武汉站、汉口站、郑州站、郑州东站、信阳东站、石家庄站、太原站、西安北站、北京西站、青岛站、合肥站、南京站、常州站、宁波站、广州南站、长沙南站、深圳站、宜昌东站。

（7）一等座车专职餐服员中途作业

同武铁旅服高铁商务座车及一等座车"六个一"温馨服务管理办法。

（8）开好乘务餐。

按规定的就餐时间，做好乘务人员的就餐工作。

（十）终到作业

（1）终到前理货。

① 列车到达终点站前最后一个区间，一等座车专职餐服员最后一次为一等座车旅客续加饮品，然后将备品及剩余物品推回餐车。对"六个一"温馨服务物品进行清点，并填写《高铁商务座、特等座、一等座"六个一"温馨服务人数统计表》和

《高铁商务座旅客供餐服务统计表》，做到填写清楚，准确，无涂改，并由本次列车长和餐服长、一等座车专职餐服员签字确认，退乘交分公司收款室。

② 列车到达终点站前 40 分钟，餐服班组进行剩余餐商食品及备品的清点，并将所有物品归类整理，装箱退库（餐服长与列车长交接客运温馨服务箱，并签字）。

（2）餐服长整理台账资料和账务，填写《餐服人员出乘工作报告》中的本趟主要工作内容，做好工作人员的乘务餐签认；填写《餐服班组经营报告》。同时，餐服长与列车长对接，由列车长填写《餐服人员出乘工作报告》中的列车长考核及评语内容。标准：填写规范。

（3）终到卫生。在整理完餐商食品及备品后，餐服员做好终到卫生。做到分工明确，相互配合。标准：餐车各部位内外洁净，无油腻，无死角。更换垃圾袋（更换新垃圾袋后要及时注水，将准备投放的垃圾袋扎口，在指定的停靠站垃圾投放点投放）。

（4）终到立岗。

（5）列车到达终点站后，餐服人员协助物流配送人员迅速卸下退库物品，餐服长和一等座车专职餐服员到库房进行退库交接，按项交接，互相签字的工作，不空交，不信用交接（餐服长与物流配送人员交接客运温馨服务箱，并签字）。标准：做到交接记录清楚、准确。其他餐服人员在 7 号车厢门口的站台上集合，列队听取列车长做乘务工作小结。

（6）交班，缴款。

① 餐服长到库房办理好退库交接，及时到分公司值班（派班）室交班，提交《餐服人员出乘工作报告》《餐服班组经营报告》和《餐饮服务许可证》《食品流通许可证》，汇报当趟车工作，提交当趟车餐营款。标准：汇报准确，账目清楚。

② 一等座车专职餐服员到库房办理好退库交接，及时到分公司收款室交班，提交《高铁商务座、特等座、一等座“六个一”温馨服务人数统计表》和《高铁商务座旅客供餐服务统计表》。

三、高铁一等座车专职餐服员标准作业指导书

（一）一等座车“六个一”温馨服务内容

（1）在一等座车配备一名专职餐服人员；

（2）为旅客免费赠送一份报纸；

（3）为旅客沏一杯热茶或一杯饮料；

（4）为旅客免费提供一份特色点心；

（5）为旅客每人提供一条湿纸巾；

（6）为旅客提供一对一的订送餐饮到座位的服务。

“六个一”温馨服务的前 5 项均为免费服务，第六项为本公司餐服人员只提供定、

送餐到座位的服务，不免费提供餐品。“六个一”服务项目中的报纸配备由路局宣传处和客运段负责，其他项目均由我公司负责准备。担任温馨服务工作的人员在列车长的领导下，各司其职，互相协作，密切配合。遇特殊情况，应服从列车长的统一指挥，做到专岗专职、认真负责、服从命令、听从指挥、仪态端庄、举止优雅，牢固树立“以服务为宗旨，待旅客如亲人”的服务理念，有为打造高铁一流服务品牌形象而无私奉献的精神。

（二）专职餐服员作业流程

1.“六个一”温馨服务备品的请领

待班出乘会结束以后，餐服长“六个一”专职餐服乘务员到商品部清点上车物品。次日出乘餐服长和指定餐服乘务员在派班点名完毕后到商品部清点核对“六个一”温馨服务物品，包括饮料、茶包、点心、湿纸巾、水壶、纸杯等。标准：做到账物相符，保证餐品、商品以及备品的质量安全。清点核对时，应检查物品的数量、质量、安全性，保证物品的数量和单据配发量相符合，清点完毕、确认无误后由清点核对人在《“六个一”温馨服务物品上货单》上签名。

2.“六个一”温馨服务备品的摆放

（1）餐服人员上车后，找列车长报到，及时将“六个一”服务备品定位装车。备品装车前补充擦抹专项服务车。专项服务车内上部用 2 个托盘隔出上、下两层，上层的托盘放置备用茶包、统计表、记录本和笔清洁布，下层摆放特色点心盒；专项服务车内下部摆放特色点心盒及饮料 9 瓶、一次性航空杯或纸杯适量。物品摆放按照定型标准，做到安全、便利、整齐、美观，摆放稳固。专项服务车展示台摆放 2 个水壶和防倒架，防倒架内放置各品种的饮料各一瓶及一次性航空杯或纸杯一提（不拆包装倒放）；一次性航空纸杯或纸杯放置于防倒架内前排左手处。同时，380AL 车型一等座车专职餐服乘务员清点两份各 15 套特色点心盒、“六个一”服务用品及备品，与 1 车和 16 车列车员办理交接，并签字。

（2）一等座车专职餐服乘务员按规定时间将专项服务车定位摆放（380AL 车型在二、三号车厢风挡处，2C 车型在七号车厢风挡处），要避免堵塞车门、通道。专项服务车短边与通过门平行。

（三）六个一”温馨服务程序

1. 服务前准备工作

列车始发开车 3 分钟后，一等座车专职餐服乘务员在 2、3 号车厢风挡处准备温馨服务物品，作业内容有：① 一号水壶投放两至三包茶包，用开水进行冲泡。② 二号水壶装满白开水。③ 专项服务车防倒架内放置饮料各品种一瓶。④ 专项服务车防倒架前排左手处放置一次性航空杯或纸杯一提（不拆包装倒放）。

2. 温馨服务程序

（1）一等座车专职餐服乘务员在做好准备工作后，由列车长带领专职餐服乘务员下车厢，进行温馨服务，服务的顺序是先 3 号车厢旅客，后 2 号车厢旅客。

一等座车专职餐服乘务员手持专项服务车进入车厢进行温馨服务时，必须面向旅客，从第一档开始依次向后，先请旅客出示车票，进行验票和登记票号及乘车区间，并为每位旅客提供一杯茶水或饮料和“六个一”一品。

（2）列车运行每隔 1 个小时需给一等座车旅客再次续加饮品。

（3）中途及时补充手推车上的饮品，保持排列安全、便利、整齐、美观。

（4）列车运行中，一等座专职餐服乘务员可适当地拿着菜谱，询问一等座车旅客是否需要点餐服务，如有需求，及时通知餐车工作人员将旅客需要的餐、商品送至一等座。一等座车专职餐服乘务员在为一等座车旅客送另外点的餐、商品时，一定要唱收唱付，根据旅客需求提供等额税票。

（5）在就餐时间提前一小时（10:00、16:00），一等座车专职餐服乘务员在一等座车为每位旅客进行一对一订送餐到座位服务，服务的顺序是先 3 号车厢旅客，后 2 号车厢旅客。

特别注意事项：

① 一等座车专职餐服乘务员为旅客进行订餐服务进出车厢时，应面向旅客鞠躬致意。具体要求：餐服乘务员进入车厢订餐时，如方向面对旅客，应左手拿订餐卡和笔，右手叠放在左手之上，自然垂于腹前，保持站姿标准，然后面向旅客鞠躬致谢意。鞠躬完毕，开始进行订餐服务。

② 餐服乘务员进入车厢订餐时，如方向背对旅客，应左手拿订餐卡和笔，右手叠放在左手之上，自然垂于腹前，自然行走至车厢另一端，调整方向后面向旅客保持站姿标准，然后面向旅客鞠躬致意。鞠躬完毕，开始进行订餐服务。餐服乘务员为旅客进行订餐服务时，询问每位旅客是否有订餐、送餐需求，要向旅客说明我们是订送餐到座位服务，餐食是收费的，并做好详细记录。记录含订餐时间、座位号、份数、餐食品种、送餐时间和特别需要等，并复述记录情况请旅客确认。然后按照旅客的需求进行送餐服务，在规定时间将餐食送至旅客手中，如在规定时间内不能送餐，应提前向旅客表示歉意，并重新确认送餐时间。

一等座车专职餐服乘务员在为一等座车旅客送餐时，一定要唱收唱付，根据旅客需求提供等额税票。

（6）遇列车晃动过大，应先停止手推车下车厢，踩上手推车刹车，固定好手推车，确保安全，保持平稳。待列车运行平稳后，继续温馨服务。

（7）一等座车专职餐服乘务员为旅客服务时，必须是无干扰服务，在补充服务时不要干扰到不需要服务的旅客，询问和回答旅客问询时发音清新、轻柔、使用文明服务用语。

（8）一等座车专职餐服乘务员为旅客服务时，应做到微笑服务，和旅客有适当的语言交流和眼神交流，遇旅客有需求时，做到主动热情，耐心、周到。

（9）推车服务过程中如遇旅客和其他工作人员并行或通过时，应先停止服务，踩上手推车刹车，固定好手推车，确保安全，保持平稳，请旅客和其他工作人员先通过，之后再继续服务。

（10）一等座专职餐服乘务员在温馨服务过程中，协助保洁员对一等座车旅客使用过的小茶桌及时清理，清理时使用托盘。

（11）列车运行至终到站前最后一个区间，一等座车专职餐服乘务员最后一次为一等座车旅客续加饮品。然后将备品及剩余物品推回餐车。

3. 终到清点备品，交接，退库

一等座车专职餐服员将备品及剩余物品推回餐车后，对"六个一"温馨服务物品进行清点，并填写《高铁商务座、特等座、一等座"六个一"温馨服务人员统计表》和《高铁商务座旅客供餐服务统计表》，由一等座车专职餐服员乘务员签字确认，退乘交分公司值班室。

列车到达终点站后餐服长和一等座车专职餐服乘务员到商品部进行退库交接，做到交接记录清楚、准确。按项交接，互相签字，不空交，不信用交接。

四、既有动车组餐车标准作业指导书

（一）学习制度

分公司值班（派班）室通知参加学习人员在学习室学习。

（二）待班制度

出乘前一天晚 19:00 整由餐服长带领餐服员到分公司值班（派班）室报到，值班员组织召开出乘会；同时，餐服长在派班室请示当趟车的出乘任务，请领台账资料、备品、税票，请领物品准确并签认。检查出乘人员的证件是否齐全。出乘会结束以后，餐服长到库房清点上车物品。

然后餐服班组在分公司指定待班室待班。待班期间餐服人员应充分休息，严禁脱岗、离岗，严禁饮酒，如有违反，立即停止其出乘。当班值班员随时查岗。

（三）出乘派班点名制度

出乘前，餐服班组全体人员从待班室列队出发，按照规定的时间，准时到达分公司值班（派班）室。餐服班组标准：全体人员按照出乘仪容仪表、着装标准。列队出发时，按照餐服长、女餐服员、男餐服员的顺序，统一右手拖箱，左手不再携带其他物品，成一列纵队行走。途中禁止出现：随便讲话、打手机（餐服长因工作需要除外）、手插口袋、吃东西、并排走路等违反乘务纪律的行为。

值班员点名派班时，餐服班组标准：按照餐服长、女餐服员、男餐服员的顺序，按站姿标准列横队站立，首先餐服长进行汇报："第一次餐服班组整备完毕，各类证件、备品齐全，请指示。”然后值班员传达事项。餐服班组接受提问，请领当趟车的《餐服人员出乘工作报告》《餐服班组经营报告》和《餐饮服务许可证》《食品流通许可证》及相关出乘台账。值班员传达事项结束后，餐服员手机统一交餐服长集中管理；乘务中除餐服长因工作需要使用手机外，其他人员不得使用手机；列车终到达终点站，乘务人员站台集合时餐服长将餐服员的手机统一退还。

（四）餐商食品及备品核对

派班点名完毕后，餐服长和专项餐服员到库房清点核对上车物品。标准：做到账物相符，保证餐商食品以及备品达到数目和质量要求。

餐服长清点核对的上车物品包括：餐商食品、消耗品、清洁用具、托盘、水壶、垃圾袋、备用方便筷以及其他备品。变更车底的餐车还应有微波炉和售货车。

专项餐服员清点核对的上车物品包括：水果和专项备品。餐服人员清点核对物品时，应检查配备物品的数量、质量和安全性，保证物品的数量和单据配发量相符和，清点完毕、确认无误后由清点核对人签名。然后由物流配送人员将物品送上站台，同时清点物品的餐服长和专项餐服员按照餐服长、餐服员的顺序，统一右手拖箱，左手不再携带其他物品，列纵队上站台接车。

（五）接车

（1）清点核对完物品的餐服长和专项餐服员在站台接车时，按照餐服长、餐服员的顺序，站在配送车的右侧，列横队站立，保持站姿标准，乘务箱包统一放在右手边，摆放整齐。列车进站时，全体人员行注目礼，列车停稳后，餐服人员列纵队上车。

（2）派班点名完毕后，其他餐服员到汉口火车站候车室左侧一楼大厅或者二楼候车室与当趟车次的列车长汇合，进行对接，由指定餐服员将本趟乘务餐服人员的证件交给列车长检查登记。

然后餐服人员与车班其他人员，按照列车长、列车员、餐服员、保洁员的顺序，右手拖乘务箱包，列纵队出乘。标准：队列整齐，手拖箱包一致，除列车长左肩背票包，列车员左拎列车红十字药箱，保洁员左手拎保洁工具箱外，其他（包括餐服）人员左手不再携带其他物品。全体人员列队到达站台，距站台盲道内沿 2 米处列横队站立，列车长位于列车进站方向，全体保持站姿标准。乘务箱包统一放在右手边，摆放整齐。列车进站时，全体人员行注目礼，列车停稳后，餐服人员随车长上车后迅速到餐车，开始始发作业。

（六）上下列车

要求：车未停稳前严禁上下列车；严禁飞乘飞降。

（七）始发作业

（1）餐服人员上车后，及时把乘务箱包（穿着冬装时，先将大衣放置乘务箱里面）定位存放，摆放标准：2 型车餐服人员的乘务箱，定位存放在储藏柜的下面，靠左边，正面朝上，依次摆放整齐（水果售货车靠右边）。5 型车餐服人员的乘务箱定位存放在监控室对面下部柜子中间的那一格。

（2）一号餐服长对吧台外的保洁工作进行验收。检查吧台内设备是否作用良好（插座、冰箱、微波炉、电茶炉），检查微波炉与插座瓦数是否匹配，餐车是否有水，指挥餐服员按照各自分工进行工作。同时负责餐车备品定型定位、陈列柜商品摆放，同时将餐品、陈列摆放后剩余的商品分类放进冰箱、储藏柜，定位摆放。5 型车餐服长检查一号餐服员对餐车门是否锁闭到位。

（3）二号餐服员协助物流人员上餐品、商品以及备品，并配合餐服长做好接待工作，5 型车二号餐服员负责落实当趟车门管理。

二号餐服员上完物品之后，检查商品售货车的刹车装置是否良好，补充擦抹商品售货车，负责商品售货车的商品摆放和水壶的定位摆放。

（4）三号餐服员做餐车补充卫生，擦抹（桌面、台面、水池）、扫地、拖地。卫生做完以后将清扫用具定位存放（5 型车定位在餐车吧台内上货门后面的立式冰箱旁边最下层的柜子内。2 型车定位在 6 车厢废物箱内的架子内）。

（5）四号专项餐服员协助物流人员水果和专项备品。所有物品上完后，检查水果售货车的刹车装置是否良好，补充擦抹水果售货车，负责水果售货车的水果摆放。

（6）餐服长和餐服员始发工作完毕后，根据乘务人员立岗布局图要求，在指定位置立岗。

立岗标准：按标准站姿，使用欢迎词，指引、协助旅客乘降。引导、安排需要用餐的旅客就餐。

立岗安全宣传词：

请大家下车时，不要拥挤，注意车底与站台间隙，以免踏空摔伤。

请大家上车时，不要拥挤，注意车底与站台间隙，以免踏空摔伤。

立岗位置：始发、中途、终到位置一致。

① 餐服长在吧台内立岗。

② 2 型车：

一号餐服长在吧台内立岗。

二号餐服员的餐车吧台对面的小餐桌旁，面向吧台立岗（不能倚靠小餐桌）。

三号餐服员在餐车，面向旅客上车车门方向立岗。

四号专项餐服员在 3—4 车厢（重联 12—13 车厢）风挡处，面向站台立岗。

③ 5 型车：

一号餐服长在吧台内立岗。

二号、三号餐服员在餐车面向站台，站在立式小吧台一侧，与立式小吧台立柱站成一条线立岗。

四号专项餐服员在 3—4 车厢（重联 11—12 车厢）风挡处，面向站台立岗。

CRH5乘务人员立岗布局图（1列车长2乘务员4保洁员）

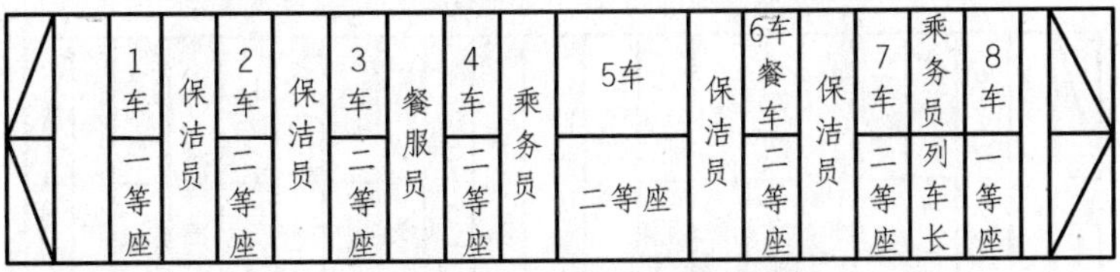

CRH5乘务人员立岗布局图（1列车长2乘务员2保洁员）

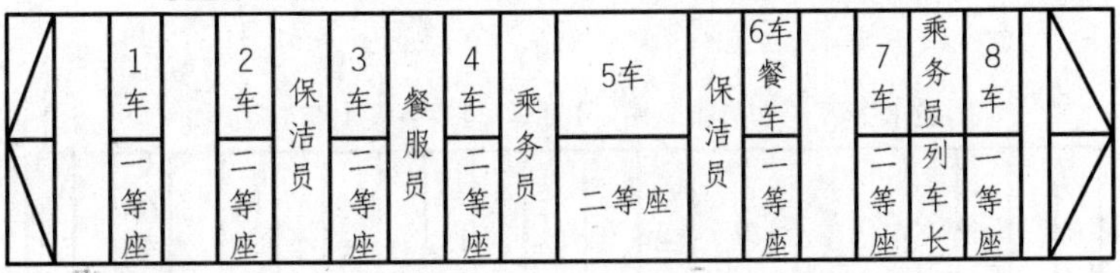

CRH2乘务人员立岗布局图（1列车长2乘务员2保洁员）

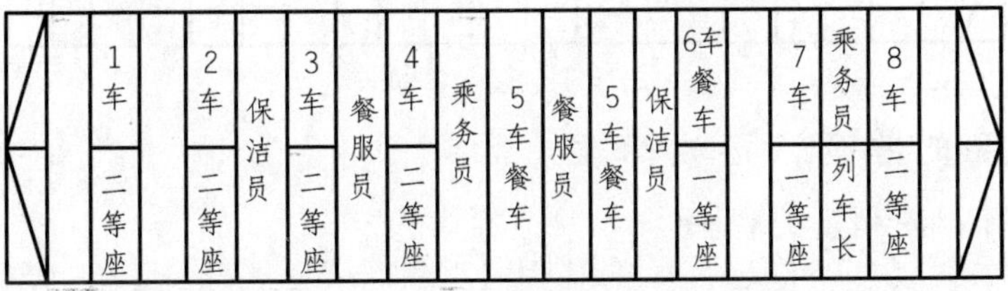

CRH2乘务人员立岗布局图（1列车长1乘务员4保洁员）

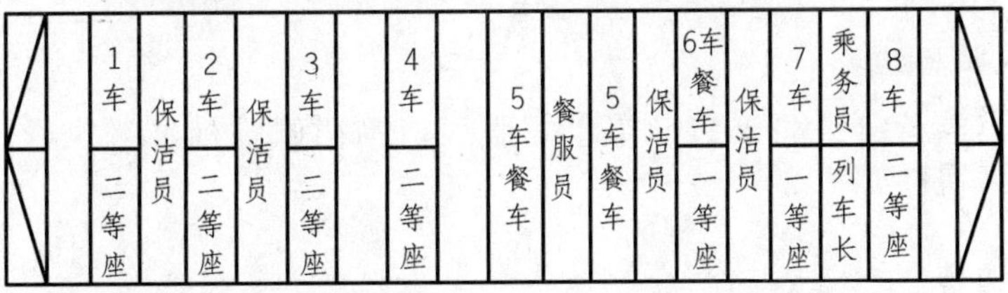

CRH5乘务人员立岗布局图（1列车长2乘务员4保洁员）

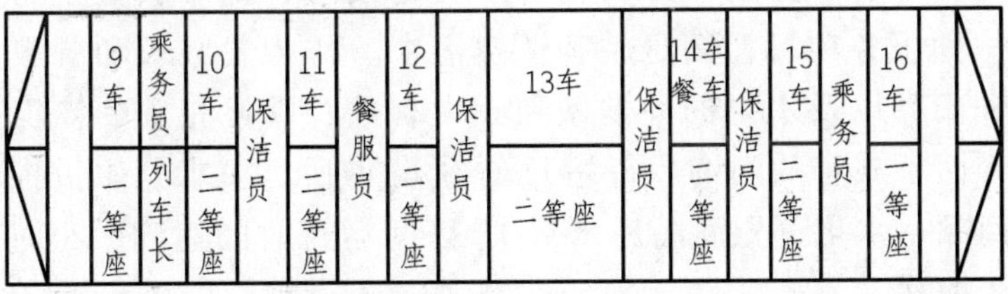

CRH5乘务人员立岗布局图（1列车长2乘务员2保洁员）

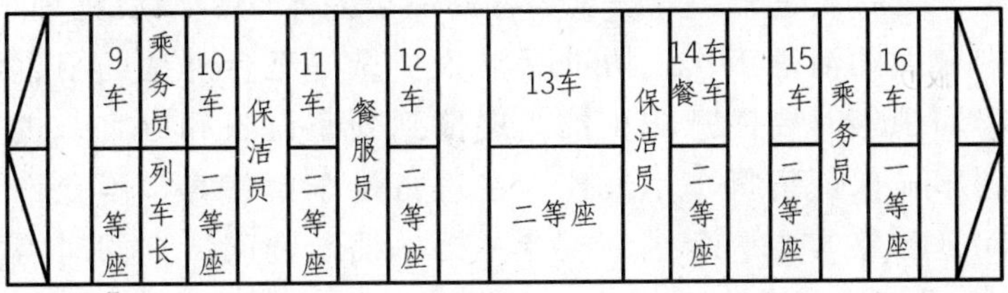

CRH2乘务人员立岗布局图（1列车长2乘务员2保洁员）

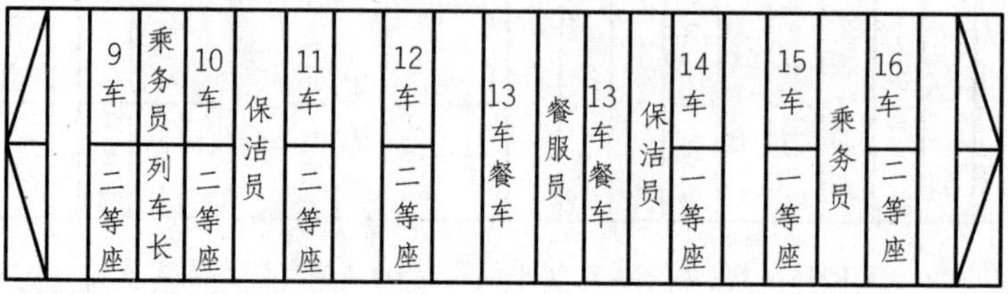

CRH2乘务人员立岗布局图（1列车长1乘务员4保洁员）

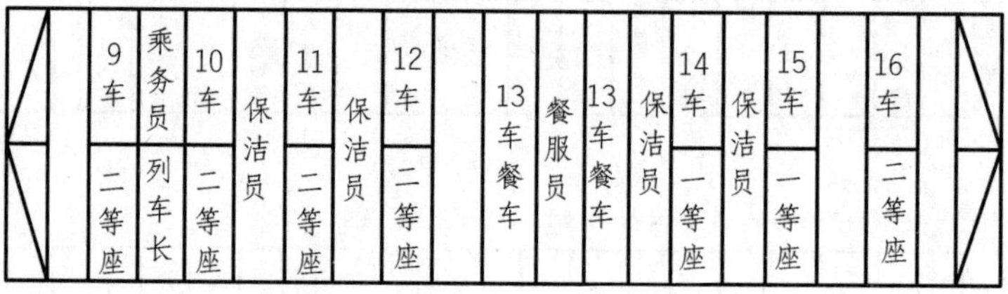

（八）商品的陈列、摆放标准

安全、整齐、便利、美观。

（九）中途作业

1. 围裙佩戴标准

按照《动车经营分公司汉口动车组餐服人员围裙佩戴标准》执行。

2. 销售作业

（1）推车销售。

标准：主动、亲切、热情、账物相符、交付及时。推车服务是为车厢旅客提供食品和商品的一种服务项目，满足旅客消费需求。作为餐服长和餐服员要对本餐车所出售的餐品和商品以及水果的种类做到心中有数，掌握相关的知识，餐食的文化背景知识，妥善回答旅客的问询。每站开车 5 分钟后，要求餐服员推商品车和水果车下车厢出售商品、水果（先商品后水果）。区间运行时间达到一小时及以上的，推车次数不得少于两次。

餐服员推完一趟后回餐车，先理货、补商品以及水果，然后整理个人仪容仪表，并做好餐车途中台面的清理工作，协助保洁人员做好吧台外地面卫生清扫的工作。餐服员推车下车厢销售时要注意防止推车碰撞到列车设备和旅客，进行销售时必须踩上售货车的刹车，保证售货车不失控。在进行推车销售时，不允许大声叫卖，必须做到两排一问，对旅客要一个一个或者一档一档地询问，询问时需要面带微笑地说："先生或女士，打扰了或您好，我们现在有红茶、绿茶、可乐、咖啡、点心（或者苹果，香蕉、葡萄等新鲜的水果），请问您需要哪一种？"

餐服员在车厢进行推车销售时，如有旅客和其他工作人员通过，餐服员应先停止销售，踩上售货车的刹车，请旅客和其他工作人员先通过。

（2）餐车销售。

旅客进入餐车时，餐服员应主动询问、指引，如旅客需要购买餐、商品时，主动介绍餐车供应品种，热情服务；为坐在餐车的旅客端送已购买的餐、商品时，做到端得稳、送得准、送得及时。餐服员在旅客购买餐、商品时，一定要唱收唱付，根据旅客需求提供等额税票。

3. 饮品服务

标准：操作安全、递送安全、食用安全、确保卫生。当旅客在餐车点好了所需饮品后，先帮旅客安排好座位，请其稍做等待。如果有旅客需要热饮时，冲好后用托盘送过去时，行走时要注意安全，将热饮端平稳：如需送多杯热饮时，应分批送。如有旅客并行或通过时，餐服员应先停下来让旅客先行。给旅客递送热饮时，应确定对方接稳后再松手或直接放在餐桌上，一定要提醒旅客“小心烫”，防止烫伤旅客。热饮需保持一定的温度，禁止为旅客提供“温吞水”。在车厢内有旅客点好所需的热饮时，进行热饮冲泡时一定要小心，防止烫伤旅客。如果需在餐车冲泡时，一定要先将旅客的座位号记录清楚。用托盘端送热饮送到车厢时，如有旅客要通过或并行时，餐服员应先停下来让旅客先通过，并注意端稳手中的饮品。递给旅客时先协助旅客打开小桌板或者请旅客协助打开小桌板，将饮品放在专放饮品的凹槽处，一定要提醒旅客“小心烫”，防止烫伤旅客。端送饮品时必须使用托盘。餐服员在为旅客端送已点好的饮品时，一定要唱收唱付，根据旅客需求提供等额税票。

4. 餐食服务

标准：食用安全、卫生。动车组列车的服务宗旨是“旅客至上”，就餐时间必须首先保证满足对旅客的供应，旅客餐与乘务餐时间错开。

供餐方式：

（1）餐服长根据当趟车次的运行时间，确定售餐（订餐）的时间，订餐在就餐时间前的一小时（10 点、16 点），做好冷链餐品的预热工作，然后将准备出售的餐品（含餐具）装入送餐车，由餐服员推到车厢进行售卖（或将旅客预定的餐品交付给旅客）。

（2）出售的餐品数量较少时，可以使用托盘售卖。

餐服员在为旅客进行订餐服务时应使用订餐卡，可以这样说：“先生，您好！午餐/晚餐时间到了，请问您需要订餐吗？”餐车供应的品种有营养餐每份××元、红烧牛肉饭每份××元，另外有蛋花汤每杯×元，请问您需要哪一种餐？”并做好详细记录。记录含订餐时间、座位号、份数、餐食品种、送餐时间和特别需要等，并复述记录情况请旅客确认。然后按照旅客的需求进行送餐服务，在规定时间将内餐食送至旅客手中，如在规定时间内不能送餐，应提前向旅客表示歉意，并重新确认送餐时间。餐服员在为旅客送餐时，一定要唱收唱付根据旅客需求提供等额税票。餐服员在车厢售卖餐品时，将送餐车上的餐品品种逐一向旅客介绍，使用礼貌用语，可以这样说："先生/女士（各位旅客），您好！餐车现在开始供应午餐了，供应的品种有营养餐每份××元、红烧牛肉饭每份××元，另外有蛋花汤每杯×元，请问您需要哪一种餐？"如果旅客对餐品有其他需求，餐服员应解释说明餐车有其他供应品种，旅客可以到×号餐车，自己购买。餐服员在旅客购买餐品时，一定要唱收唱付，根据旅客需求提供等额税票。餐服员为旅客提供餐食服务时，按照食品安全要求和标准化作业要求，必须佩带卫生口罩、一次性手套和围裙，同时送上套装餐具，并提醒旅客"小心烫"，防止烫伤旅客。

5. 中途餐车卫生

标准：地面、餐桌洁净，无油腻，车厢内无异味。餐服人员途中做好台面的清理，擦抹，清理时必须使用托盘。同时，协助保洁人员做好餐车吧台外地面的卫生。

6. 食余垃圾处理

标准：清理及时。旅客在餐车用餐完毕后，餐服人员及时将餐桌上的餐盒、饮料瓶、杯子等旅客不需要的物品收回（必须使用托盘），动作要轻柔，防止杂物泼洒溅漏。清理时可以这样说："先生（女士），您好！请问桌上的这些东西您还需要吗（给旅客一个手势指出）？"或者是"您桌上的东西我可以帮您收了吗？"等文明用语，如果旅客同意的话，我们要微笑地说："谢谢您"。回收的物品应及时倒入废物箱内，并负责更换垃圾袋（更换新垃圾袋后要及时注水）。根据规定，将准备投放的垃圾袋扎紧，在指定的停靠站垃圾投放点投放。

指定垃圾投放站：汉口站、武昌站、武汉站、十堰站、宜昌东站、襄阳站、襄阳东站、上海虹桥站、南京南站、合肥站、南昌西站、九江站、庐山站、福州站、厦门北站。

7. 开好乘务餐

按规定的就餐时间，做好乘务人员的就餐工作。

（十）终到作业

（1）终到前理货。

列车到达终点站前40分钟，餐服班组进行剩余餐商食品的清点，并将所有物品归类整理，装箱退库。

（2）餐服长整理台账资料和账务，填写《餐服人员出乘工作报告》中的本趟主要工作内容，做好工作人员的乘务餐签认；填写《餐服班组经营报告》。同时，餐服长与刹车长对接，由列车长填写《餐服人员出乘工作报告》中的列车长考核及评语内容。标准：填写规范。

（3）终到卫生。在整理完餐商食品及备品后，餐服员做好终到卫生。做到分工明确，相互配合。标准：范围内各部位内外洁净，无油腻，无死角。更换垃圾袋（更换的新垃圾袋要及时注水，将准备投放的垃圾袋扎口，在指定的停靠站垃圾投放点投放）。

（4）终到立岗。

（5）列车到达终点站后，餐服人员协助物流配送人员迅速卸下退库物品，餐服长到库房进行退库交接，按项交接，互相签字，不空交，不信用交接。标准：做到交接记录清楚、准确。

其他餐服人员在7号车厢门口的站台上集合，列队听取列车长当趟乘务工作小结。

（6）交班，缴款。

餐服长到库房办理好退库交接，及时到分公司派班室交班，提交《餐服人员出乘工作报告》《餐服班组经营报告》和《餐饮服务许可证》《食品流通许可证》，汇报当趟车工作，提交当趟车餐营款。标准：汇报准确，账目清楚。

项目四　管理及作业流程图

一、动车组餐服日常生产指挥流程图

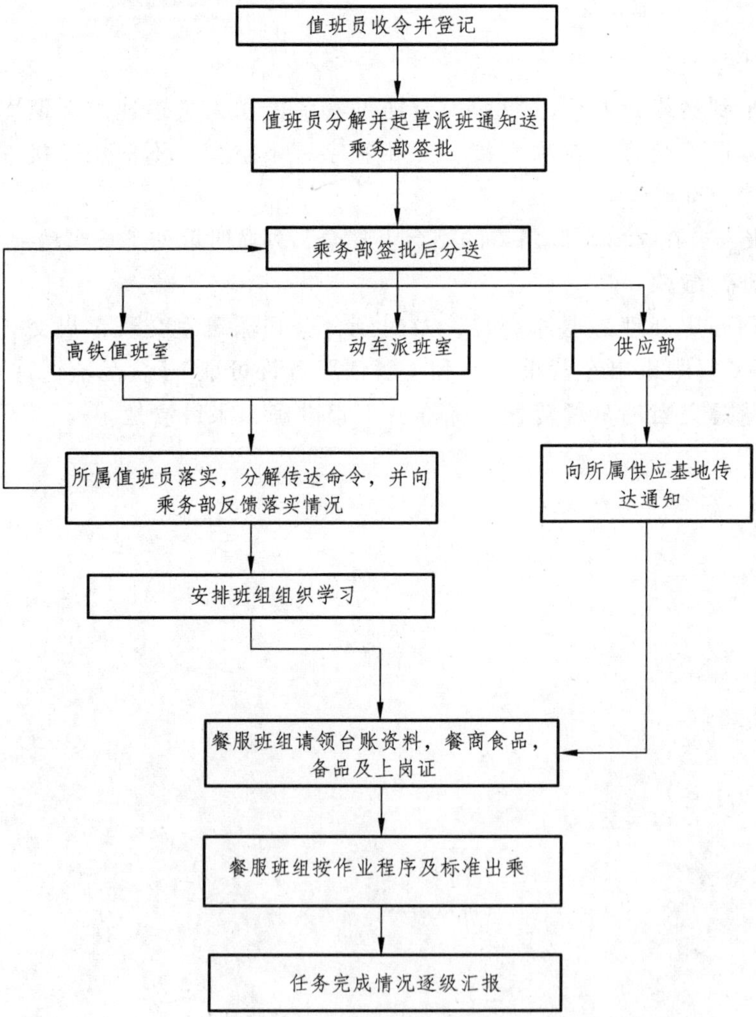

图 4-1

二、动车组餐服专特运任务流程图

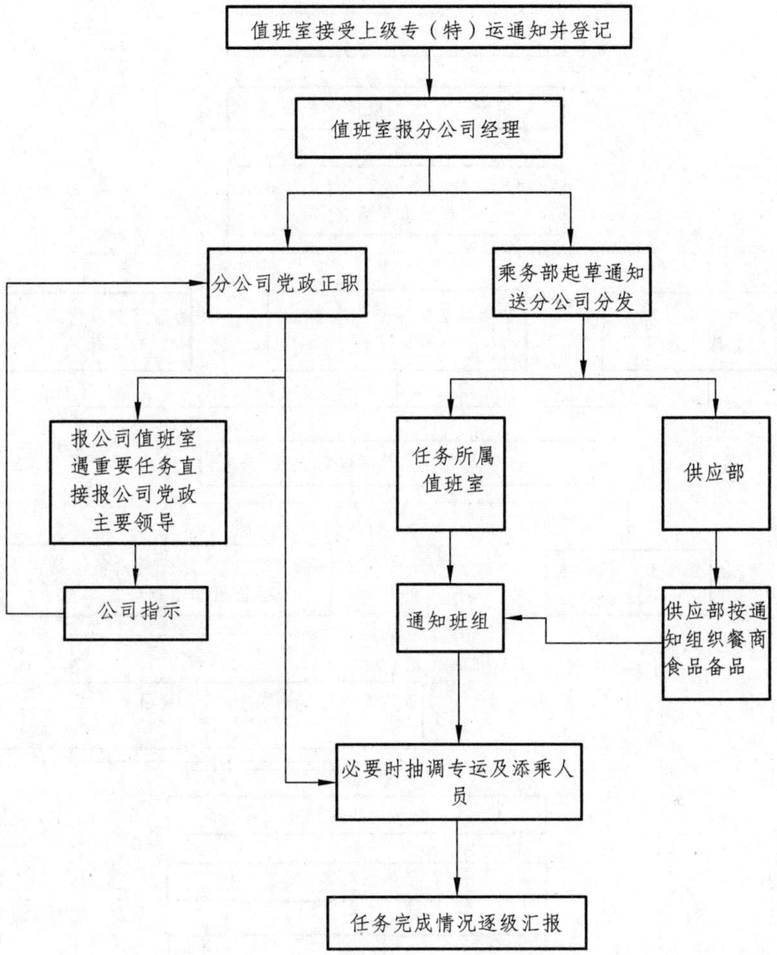

图 4-2

三、餐服班组作业流程

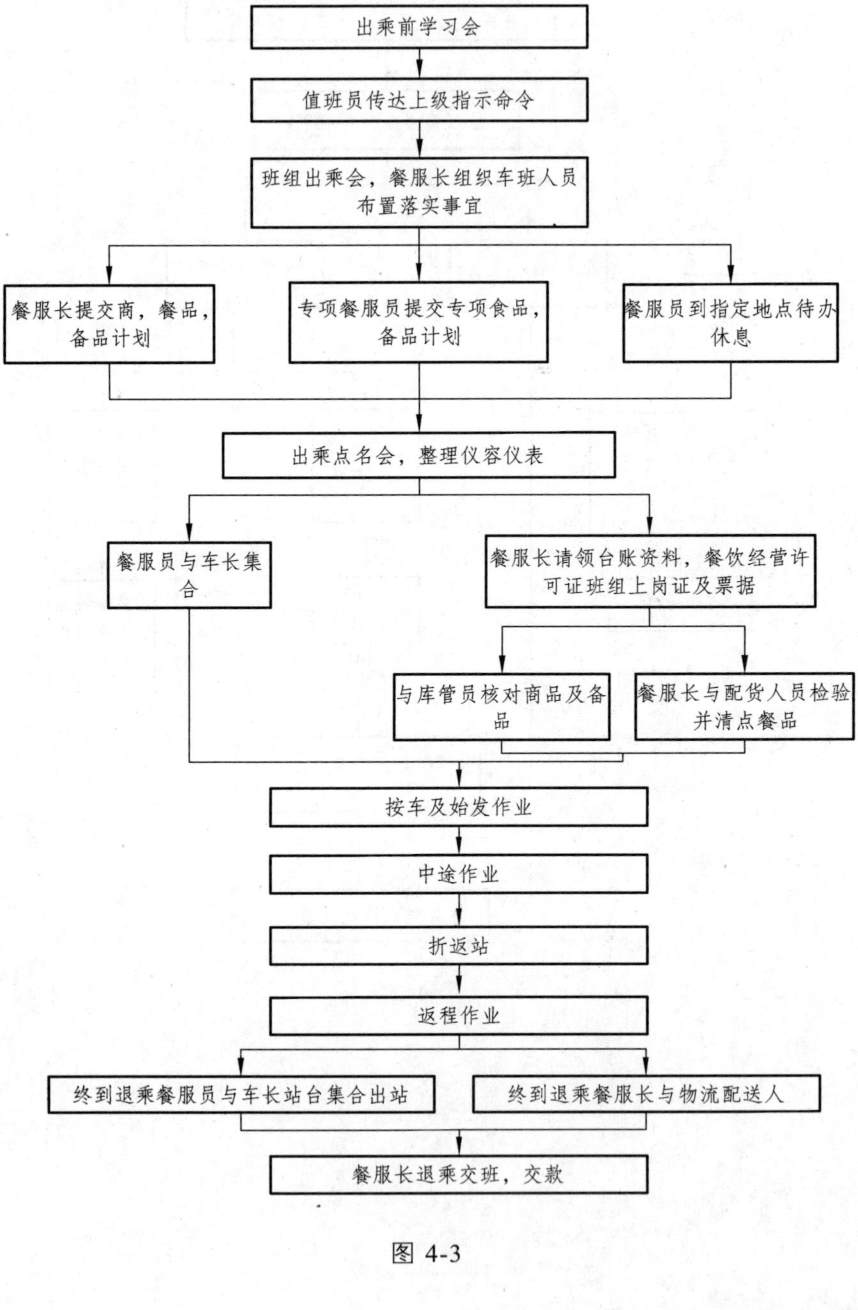

图 4-3

四、高铁餐服班出乘前工作流程

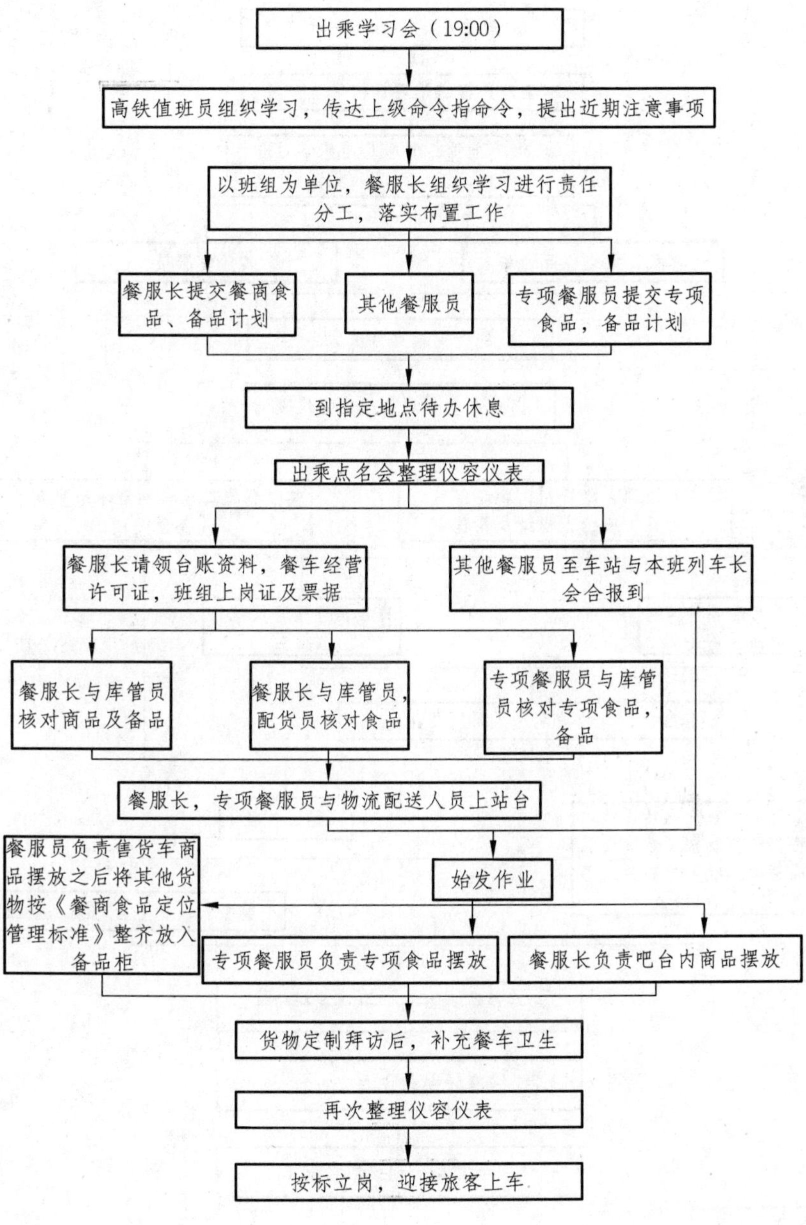

图 4-4

五、动车餐服班组出乘前工作流程

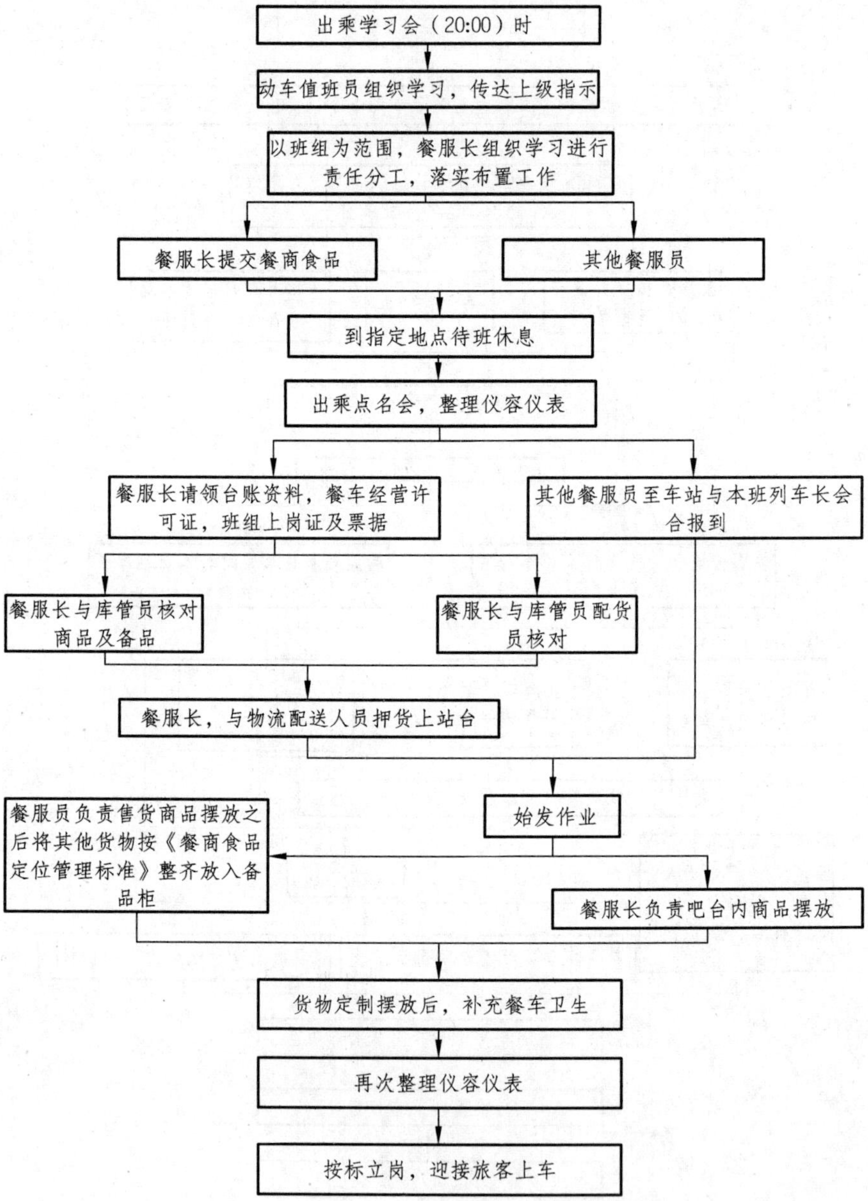

图 4-5

六、餐服班组餐商食品配货及退货流程图

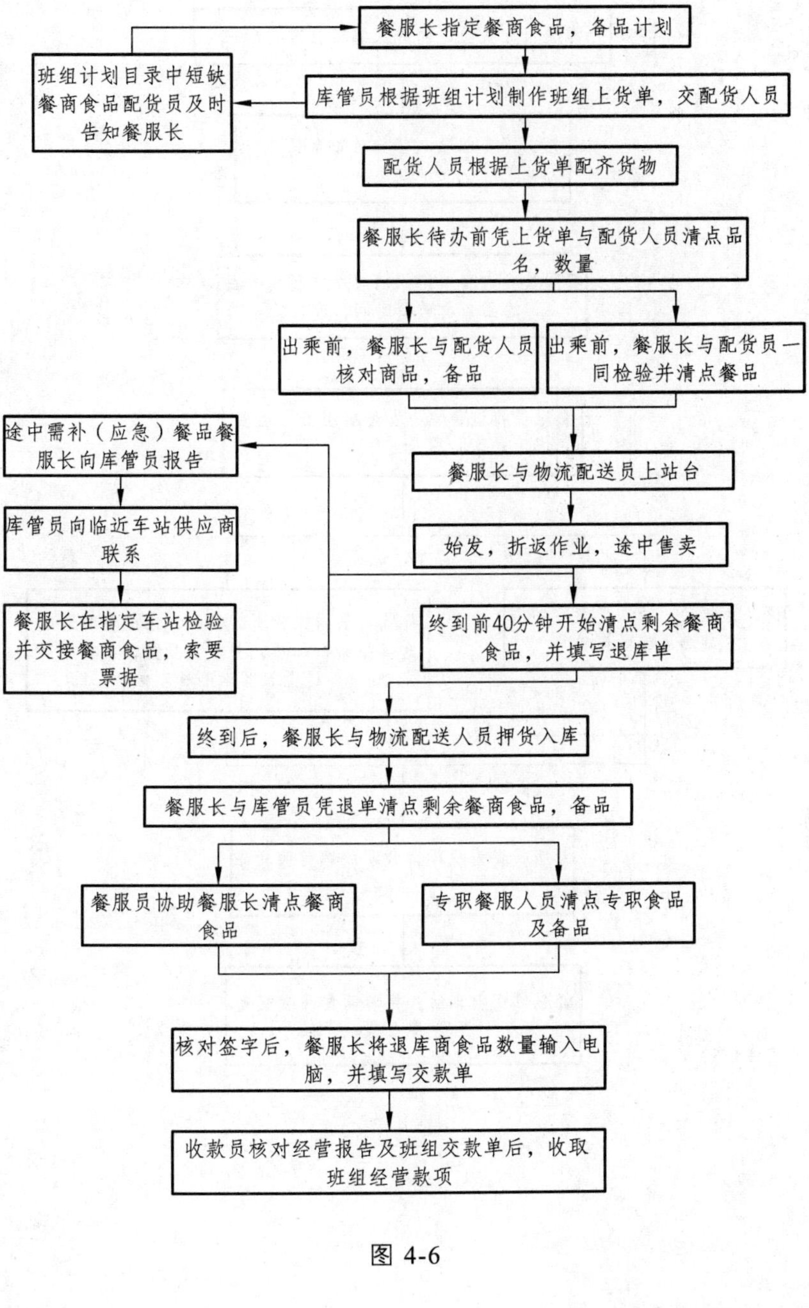

图 4-6

七、餐服班组餐车销售流程图

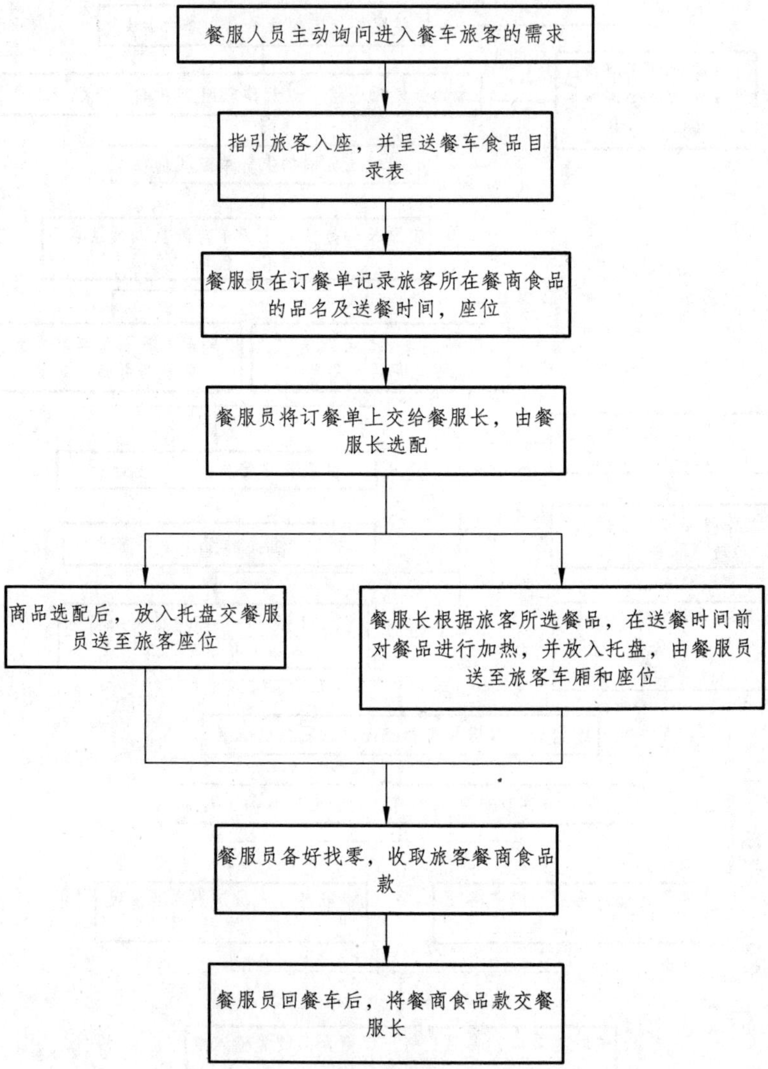

图 4-7

八、餐服班组售货车销售流程图

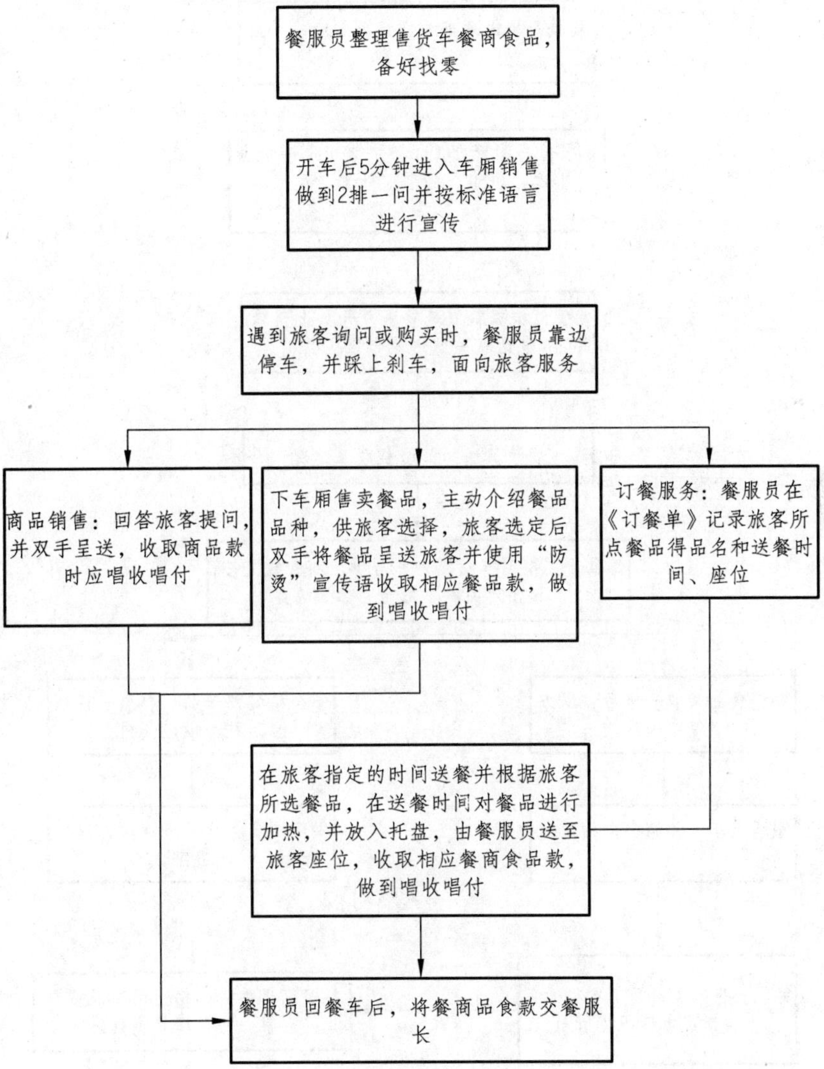

图 4-8

九、餐服班组乘务中补充（应急）餐商食品流程图

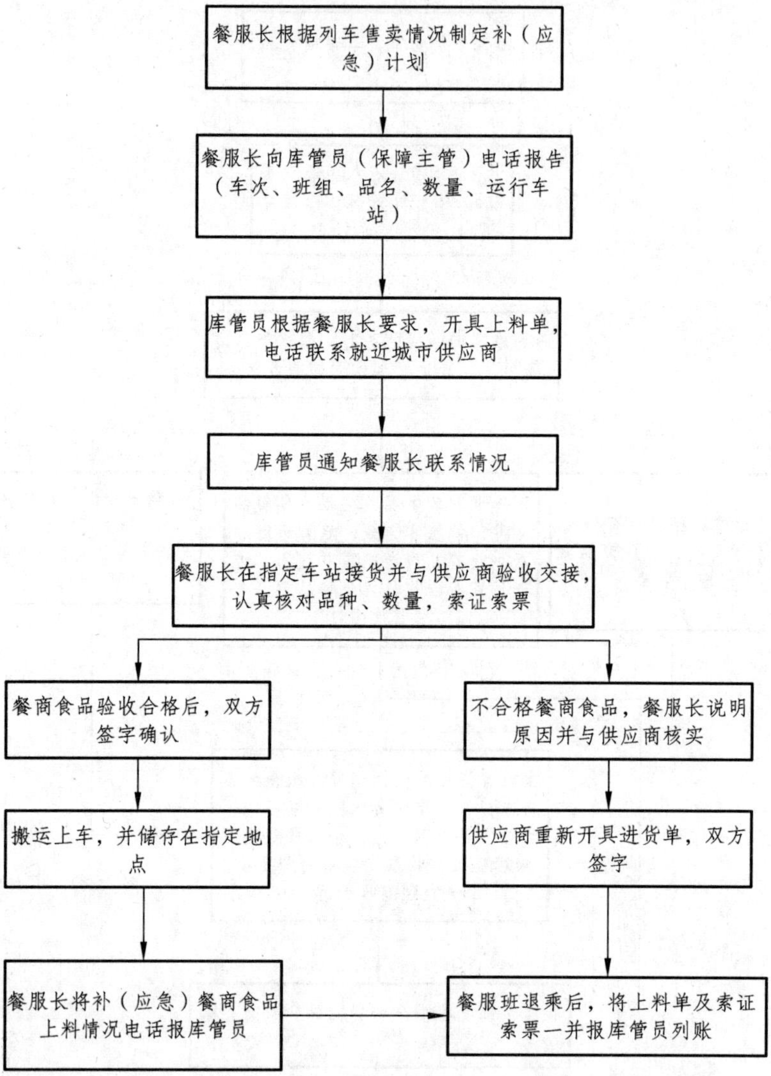

图 4-9

十、餐服班组乘务中餐商食品报损流程图

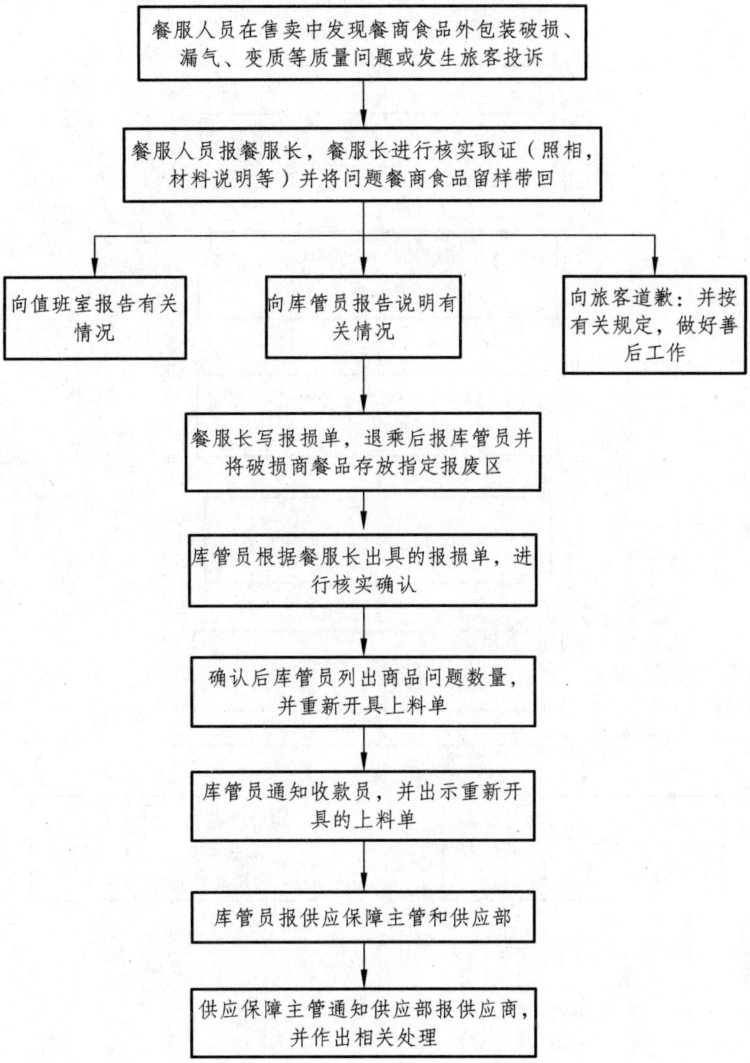

图 4-10

十一、餐服班组设备更换维修配送流程图

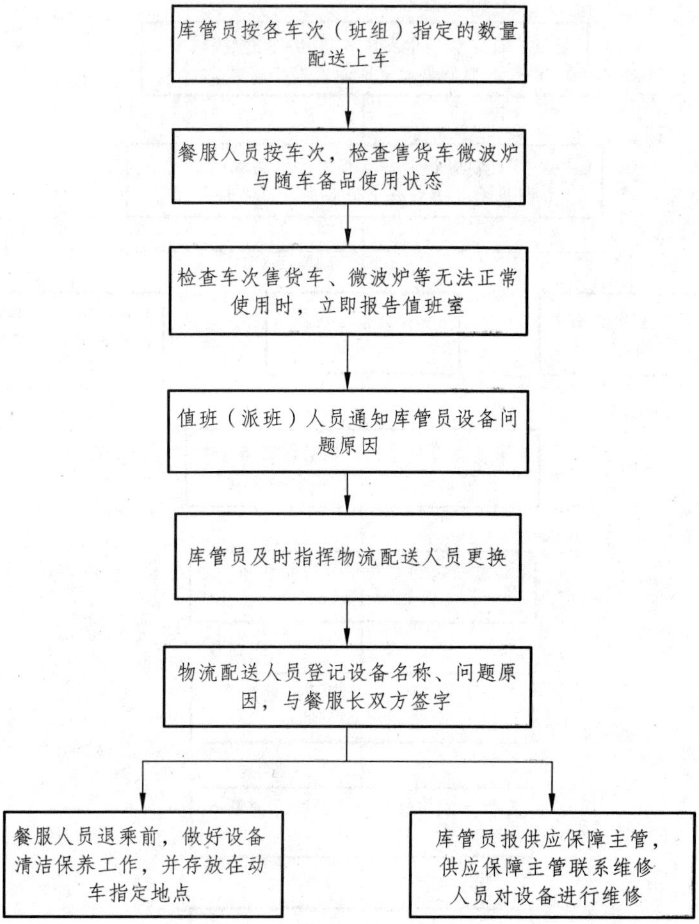

图 4-11

项目五　安全管理办法措施

任务一　列车安全卡控措施

一、防止发生列车火灾的卡控措施

（1）接车后对全列的消防设备设施进行全面检查，确保作用良好。

（2）检查电茶炉、餐车微波炉、冰箱等电器设备是否作用良好。不允许外接电源和使用其他小功率电器。

（3）检查全列垃圾袋的注水工作是否到位，垃圾箱内配电器周围是否放置有杂物和易耗品，车班易耗品是否按规定存放，是否锁闭。检查5型车乘降梯是否有杂物和烟头。

（4）乘务中加强巡视，对重点部位（餐车、厕所、垃圾桶、列车两端风挡）要重点检查。

（5）加强广播禁烟宣传，工作人员在车厢内对旅客也要进行口头宣传，对在厕所内抽烟的旅客，要及时制止。

（6）乘务员调整行李架时，对可疑行李要重点检查，在车厢内发现有焦煳味时，一定要及时报车长和机械师，认真查找，消灭火源。

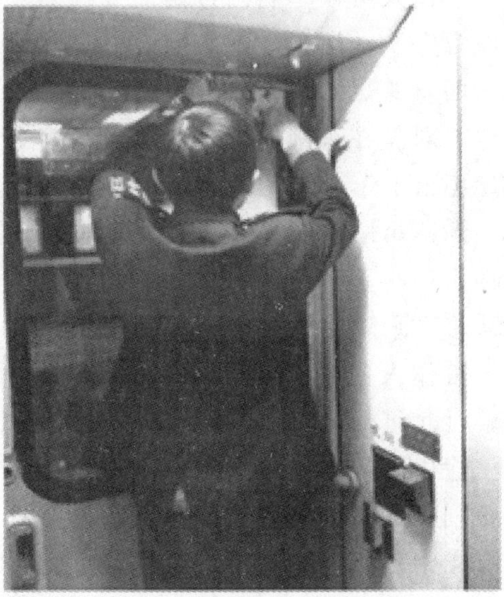

图 5-1

（7）列车站停时，列车工作人员在岗位上要尽量动员旅客不要下车吸烟，不要将未熄灭的烟头丢下站台及丢在5型车的乘降梯内。

（8）列车因故障断电时，严禁使用明火照明。

二、防止旅客发生意外伤及烫伤的预防措施

（1）工作人员接车后，要对全列车设备设施进行全面检查，灭火器必须卡牢，发现边条翘起、设备设施发生故障，会对旅客人身安全造成伤害的，要及时通知机械师采取有效措施进行处置，防止旅客遭受伤害。

（2）到达每站前各工种按规定到岗位立岗，做好车门口的安全提示工作，特别是老人和儿童，上车时要做好帮扶，提醒旅客注意列车与站台的间隙，防止踏空发生意外。

（3）开车后及时调整行李架，提示旅客将行李放置得平稳牢固，大件行李放置在行李架上，影响安全的物品（如小推车、油漆桶、玻璃制品及其他影响旅客安全的物品）应调整到座椅下及在其他位置放置），并提示旅客自行看管；提醒旅客在拿、放行李时注意安全，防止砸伤其他旅客；如发现有旅客携带电钻等工具或尖锐物品时，工作人员在调整时要注意自身安全，并提醒旅客将其妥善放置在合适位置，避免伤及其他旅客。

（4）车班在始发站、大站时要加强安全七条及禁烟宣传，车内的儿童旅客乘车较多时，可以单独将儿童乘车和防止烫伤的安全词多广播几遍。

（5）工作人员在车厢内行走时要注意不要撞到小孩和使用开水的旅客，随时提醒旅客注意安全，巡视中要观察左右座席上旅客放置的开水杯、泡面、汤等，发现隐患要当面口头提醒，工作人员在车厢内交汇行走时要背靠背，面向旅客座席方向侧身行走。对坐在车门口携带小孩的旅客，一定要提醒大人看护好小孩，站停时千万不要让小孩下车：当儿童旅客在车厢内乱跑、嬉戏时，要提醒监护人做好看护。

（6）到达每站前必须广播“下车时照顾好老人和小孩”，5 型车要广播“等黄色脚踏板伸出后再下车”的广播词，每站乘降完毕列车长、列车员必须探身瞭望，最后在确认旅客乘降完毕后才能通知司机关门，不允许车长提前关门。

（7）工作人员巡视车厢时要关注厕所内的旅客，如厕所长时间被人占用，工作人员要敲门询问，以防旅客突发疾病发生意外。终到和折返站要对厕所进行全面检查。

（8）途中、折返站提醒保洁员拖地时不能拖太湿，防止旅客滑倒摔伤；途中随时保持全列车的地面干燥；保洁员在车内作业时要注意清扫工具不要触碰旅客；车厢内所有能用三角钥匙锁闭的部位均应随时加锁，以防发生意外。

（9）工作人员在取用开水，餐车工作人员在为旅客送咖啡和汤时，要尽量避让旅客，以免烫伤旅客。

（10）接车时对餐车售货车进行检查，检查刹车装置的作用是否良好，有无防撞胶条；售货车放置在餐车规定位置并固定好刹车：餐车工作人员使用售货车在车内为旅客服务时，要做好安全提示以避让旅客，在车厢内售卖商品时一定要将售货刹车装置踩牢，以免出现其他旅客来回走动将推车挤动从而撞伤旅客的情况出现。

（11）对乘坐包房式一等座的旅客，乘务员要做好旅客开关一等座玻璃门时防止

夹手的安全提示；乘务员在车厢内巡视及作业时也要提示旅客开关厕所门时要注意安全，提醒厕所旁边的旅客及小孩不要将手放在门框处，防止夹伤手指。

（12）列车工作人员在列车上不允许出现边充电边打手机的现象，在巡视车厢时发现旅客有此行为要及时制止。在有饮水机的车厢，要注意制止旅客在饮水机电源处充电行为。

三、餐车安全卡控项点卡控措施

（一）电器设备方面

（1）微波炉的使用不能超过规定功率，两个微波炉不能同时开启，未使用微波炉时必须拔下其插头。

（2）不能违规使用其他电器设备，不能私接电源。

（3）电茶炉严禁干烧，发生故障及时报列车长和机械师。

（4）电冰箱必须按照规定使用。

（5）2 型车微波炉在使用频率较高的情况下，微波炉后部散热较慢，温度较高，餐服乘务人员要注意提醒周围旅客不要靠近，防止烫伤。

（二）其他方面

（1）5 型车餐车开关门后，需注意不要夹伤旅客。

（2）5 型车餐车边门上货完毕后，必须按照规定封闭。

（3）5 型车餐车内的消防通道（车厢过道、餐车内台边门）不允许堵塞。

（4）售货车在车厢内推动时，需小心谨慎，及时提醒走道两边的旅客将脚收回，防止碰伤旅客。售货车在餐车定位时必须刹车作用良好，按规定定位。

（5）餐服乘务人员在车厢内送餐时，防止烫伤旅客。

（6）餐车废物箱垃圾袋必须按照规定注水，保持湿润状态。

（7）加强餐车安全锤、紧急制动阀、灭火器等安全消防设备的管理工作。

（8）餐服乘务人员立岗时，必须提前到岗，并做好车门口旅客的乘降组织工作，防止旅客摔伤。

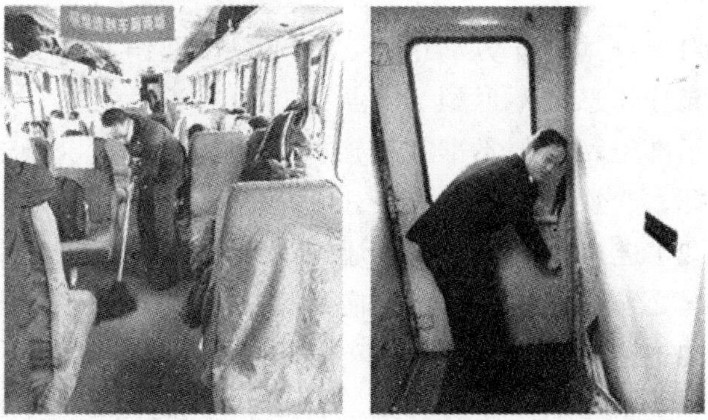

图 5-2

（9）餐车地面保持干燥，防止旅客摔伤。

任务二　餐商食品交接检验规范

（1）对照进货单，按质检、检标、检数的要求，检查食品进货质量、品名、数量。检查内容有：是否达到品名和数量要求；查看预包装食品（含热链、冷链及常温链快餐）外包装是否有漏气、破损、涨袋等问题；包装标识是否齐全，是否与进货单一致，是否有生产日期、保质期等；是否存在腐败变质、发霉、生虫、有毒有害、掺杂掺假等问题；热链、冷链进货时，要测量盒饭的中心温度，是否达到温控要求：为防止运输过程中出现污染，供货商品运输车是否卫生，是否达到温控和卫生要求。车辆卫生不达标，应拒绝接受送来的食品。

（2）对供货商提供的存在下列问题的餐商食品要拒收：餐商食品标识不全和过期的；预包装食品（含热链、冷链及常温链快餐）外包装漏气、破损、涨袋的；腐败变质、发霉、生虫、虫蛀、有毒有害、掺杂掺假、餐食不新鲜的食品；数量、质量达不到要求的，与进货单品名不一致的；热链、冷链盒饭中心温度达不到温控要求的。

（3）验收后的餐商食品分门别类地妥善保存。

（4）与沿站供应商的交接检验程序。

在执行上述程序（与分公司供应基地的交接检验程序）的基础上，要坚持索证索票制度，退乘后交分公司供应部。

任务三　劳动安全通用细化措施

（1）自觉遵守劳动纪律、作业纪律和作业标准，坚守岗位，忠于职守。当班前必须充分休息，不迟到、不早退；不准酒后上岗；不准玩忽职守、离岗、串岗、换岗；不准干私活；不准在生产岗位上看书、报、杂志、吸烟。作业过程中，严禁违章指挥，严禁简化作业程序。

（2）进入车站应走安全通道（天桥、人行地道），不得擅自在平交道行走。遇特殊情况必须行走平交道时，应严格执行“一停、二看、三通过”的制度。

（3）站台作业、站台接车等不得侵入安全白线。

（4）不在线路中心行走、停留；不钻车底和跨越车沟，不抢越线路；不扒乘机车、车辆；严禁追逐列车；严禁在列车未停妥就跳上跳下；严禁在车底下遮阳躲雨；严禁在轨道上坐卧、休息。

（5）严禁“三车”（自行车、助动车、摩托车）进入车站站台，通过平交道时必须下车推行。

（6）进入车站一律从进口处进站，自觉接受相关检查；出站一律从出口处出站。

（7）严禁在接触网支柱等危险设施、设备及区域，或涂有“有电危险”“切勿靠近”“严禁攀登”等警示标志的危险地带停留休息。在雷雨即将来临前和遇降雷雨天气时要远离上述场所。

（8）手持工具等通过接触网时，必须保持水平状态通过，不准直立、高举，以免高压电伤人。

（9）所有人员通过站台隔离带（不锈钢栅栏门）进入站台时，应主动出示相关证件，服从看护人员的指挥，不得擅自开门或翻越。

（10）严禁穿拖鞋进入作业现场区、上下列车、在线路旁行走。

（11）员工上下班途中，要遵守道路交通法。

（12）按照规定的时间到分公司出乘学习、公寓待班，不得私自外出。

（13）车班出退乘，按照分公司规定的安全行走线路图列队行走。

（14）女工作人员不得穿超过 3 cm 的高跟鞋，不得穿尖跟（头）鞋。

任务四　现金及凭证管理办法

一、列车餐商食品销售营业款的管理

分公司高度重视餐商食品销售营业款的收缴款安全工作，教育餐服班组要保管好现金。

（1）餐服长是货币资金管理和监督的主要负责人。餐服长要配备现金零钞，严禁将私人现金与餐商食品销售的现金混放。

（2）餐服员应将售出餐商食品的营业款按销售额足额交给餐服长，餐服长在清点查实数额后，立即将现金存放收好。中途离开，必须存放在安全地方或交给专人看管，不得随意放置，严防失窃。

（3）餐服员在收取现金时要当面看清，以防收取假币。

（4）折返站退乘去公寓的路上，要谨慎小心，集体行走，确保人身和资金安全；终到退乘时，餐服长在乘务员的陪同下，及时把营业款交到各地派班室，当面点清后双方签认。

（5）由于个人或班组原因造成的银箱丢失或营业额短缺，必须由个人或班组承担全部责任。

二、发票的使用

（1）对外销售餐商食品后应向付款方开具发票，未发生经营业务的一律不准开具发票。

（2）应根据实际发生的餐商食品销售内容如实开具发票，发票各联品名、金额完全一致。

发票联交由旅客，存根联留存备查，记账联与出售明细表一并上交。

（3）开具发票后如发生销货退回等原因必须收回原发票并注明“作废”的字样。

（4）不得转借、转让、不得擅自扩大发票的使用范围，虚开发票。代开发票，不得拆本使用发票，不得虚构经营业务活动，不得虚开发票。

三、发票的保管和处罚规定

（1）财务部发票专管员和乘务部发票管理员因工作等原因需要离职时，应将发票移交无误后方可离职。发票应当按照有关规定存入和保管，不得擅自损毁，已开具的发票存根也应交回财务部。

（2）发票遗失、被盗，应于丢失当日书面上报。须接受财务部、税务机关、上级主管机关的依法检查，如实反映情况，提供有关资料，不得拒绝、隐瞒或弄虚作假。

（3）对违反规定的，可依据国家规定予以警告、通报批评或经济罚款等处理；构成犯罪的依法追究刑事责任。对严重违反规定的个人，财务部将会同有关部门提出意见，按有关规定处理。

项目六　列车突发事件应急处置预案

一、动车组列车突发事件报告内容

报告的主要内容包括：时间、地点、车次、线路、区间、异常情况概况、人员伤亡情况和其他需请示的事项。

二、动车组列车突发事件应急处置预案

（一）动车组列车餐车发生火灾、爆炸事故时的应急处置预案

1. 动车组列车餐车发生初起火情时的措施

（1）最先发现、到达现场的餐服人员应立即使用报警按钮（必要时使用紧急停车设备）并迅速展开扑救工作。同时，通知列车长，口头宣传旅客疏散。全体餐服人员就近携带灭火器迅速实施扑救。

（2）接到司机或旅客的火情警报，餐服长应立即赶赴现场进行确认。如核实有火情，立即报告列车长，并立即组织餐服人员，根据火情特点，采取有效措施迅速展开扑救工作，必要时应组织旅客向安全车厢疏散。如确认无火情，餐服长要迅速告知列车长，并协助列车长和乘警展开调查，做好记录。

（3）火情被制止后，餐服长要协助列车长、乘警、随车机械师对起火部位进行全面检查，确认火情已完全熄灭不会复燃，并布置餐服员继续对起火部位进行观察至终点站。餐服长要及时将有关情况向分公司值班室报告。

（4）如有旅客受伤，应立即进行救治，比照旅客意外伤害事故处理的有关程序进行处理。

2. 动车组列车餐车发生火情不能立即扑灭或发生爆炸事故，危及列车安全时的应急处置预案

（1）餐服人员发现并确认火情，采取扑救措施不能扑灭，火灾呈蔓延趋势时，在列车长的指挥下，立即使用紧急停车装置（或者拉下紧急制动手柄、按下火灾报警按钮）；配合列车长、随车机械师、乘警进行火灾扑救、旅客疏散等工作，同时要防止旅客跳车、治安事件等意外情况的发生。

（2）餐服人员应迅速宣传，稳定旅客情绪，组织起火车厢的旅客向邻近车厢疏散。疏散旅客时应遵循以下原则：

① 根据列车长、司机、乘警、随车机械师集体商定的疏散方案，餐服人员密切配合，有序实施。

② 迅速做好防护，做到前有带队、中有护队，尾有押队，组织旅客有序下车，并引导至安全地带。

③ 当起火车厢的旅客疏散完毕后，应迅速关闭起火车厢两端的通道阻火门，确保车厢处于密闭状态，以免大量空气进入从而助长火势。

④ 在桥梁、隧道停车时，应在确认邻线区间封闭后，利用桥梁、隧道的人行通道，做好旅客疏散和安全防护工作。如列车停在长大隧道内，应在照明设施开启后，组织旅客向距离最短的隧道出口迅速疏散，等待救援。

⑤ 遇动车组列车重联时，非事故车餐服人员在列车长的指挥下参与事故车的救援工作。

⑥ 得到可向地面疏散旅客的通知后，餐服人员在列车长和随车机械师的指导下打开车门，根据需要安装好应急梯，组织旅客向地面疏散。如遇火灾危及旅客安全，又未能及时接到扣停邻线列车的命令，列车长应会同司机、随车机械师打开运行方向左侧的车门（无线路一侧）。餐服人员在列车长的指挥下组织旅客向地面疏散。严禁旅客跨越线路。

⑦ 紧急情况下可使用安全锤打破车窗玻璃，组织旅客紧急逃生，防止旅客盲目跳车发生意外。

（3）餐服人员应对受伤人员开展紧急救护，采取止血、简易固定、包扎等初期现场救护措施，为医院救治创造了条件。同时，做好重点旅客的服务工作。

（4）餐服人员应积极配合公安部门保护好事故现场，协助进行调查取证。

（二）因自然灾害（地震、山体滑坡、泥石流、坠石、暴风雨雪）发生区间（长大隧道、桥梁）

被迫停车的应急处置预案因自然灾害造成线路中断，动车组列车在区间（隧道、桥梁）被迫停车，餐服长迅速向列车长了解有关情况，及时向分公司值班室报告灾害及列车受阻情况。

（1）报告内容包括：时间、车次、地点、灾害情况、列车现状，并告知值班室需要配合、支持的有关工作事项。

（2）餐服长参加由列车长组织召开“六乘”人员会议，按会议内容和要求迅速启动应急预案，采取措施，明确分工，落实岗位，各负其责，保证旅客列车安全。稳定餐车旅客情绪，取得旅客的配合、支持。

（3）列车停留地受灾害威胁，不能保证列车和旅客安全时餐服人员在列车长的指挥下组织旅客有序疏散到安全地带。

（4）组织旅客撤离列车时，餐服人员做好引导、防护、宣传等工作，确保旅客安全。

（5）等待救援时，餐服人员要加强餐车巡视，做好解释安抚工作，稳定旅客情绪。

餐车要保证旅客饮食供应工作，如因餐料、饮用水、药品不足时，餐服长及时报告列车长联系上水或补充饮用水；食品不足应及时报告列车长和分公司值班室，由列车长与车站或所在地政府联系组织采购，最大限度地满足旅客需要，对重点旅客做好重点服务。

（三）发生临时停电故障或空调不良超过20分钟的应急处置预案

（1）动车组餐车发生临时停电故障或空调不良时，餐服长及时报告列车长和随车机械师，列车长和随车机械师应立即到现场确认。列车长向全体工作人员传达，并通过广播向旅客通报情况、致歉。餐服长协助列车长在餐车做好解释、服务工作，妥善解决旅客困难，稳定旅客情绪，避免激化矛盾。

（2）动车组因故停车不能维持运行、空调失效超过20分钟不能恢复时，列车长应及时与司机、随车机械师沟通，视情况做出打开餐车车门的决定后，餐服人员服从列车长的指挥，做好有关工作。

（3）防护网的加装由列车长统一指挥，司机、随车机械师配合。防护网的安装为两人一组，互相配合。防护网加装牢固后，餐服人员在距餐车车门 1 米的合适位置值守，值守时要站稳抓牢面向车内，掌握车厢内的动态，阻止旅客靠近，直到车门关闭。

（4）故障排除或恢复供电后，餐服人员及时通知随车机械师关闭车门，在列车长的指挥下拆除防护网，防护网交机械师存放在规定位置。

（5）动车组故障无法及时修复，需启用热备动车组时，按上级《热备动车组应急启动管理办法》执行。

（四）旅客需换乘时的应急处置预案

1. 在车站内组织旅客换乘时的应急处置预案

（1）及时将有关情况报告分公司值班室。有效地做好餐商食品和备品的转运工作。

（2）故障车在站内没有停靠站台时，换乘处置比照区间换乘救援动车组的处置程序进行办理。

（3）加强配合，共同做好旅客的宣传引导、席位安排、服务等工作，尽量满足旅客的合理需求。

2. 在区间组织旅客换乘时的应急处置预案

（1）在确认需组织旅客换乘救援列车时，餐服长及时将有关情况报告分公司值班室，组织餐服人员准备换乘工具。在等待救援列车的时候，餐服人员应关注车内情况，坚守岗位。

（2）餐服长协助列车长代表铁路部门向餐车旅客致歉，并告知换乘时间和安全注意事项，取得旅客对换乘工作的支持与配合。

（3）换乘时，救援动车组车底停靠指定位置后，应立即按照有关要求开展换乘工作，有效地做好餐商食品和备品的转运工作。

① 在列车长的指挥下，在打开指定餐车车厢车门后，协助工作人员放置好应急梯和过渡板，并做好防护，组织旅客有序换乘。

② 如需转运餐商食品和备品，餐服长组织餐服人员有效地做好餐商食品和备品的转运工作。如不需转运餐商食品和备品，餐服长安排一名餐服员做好餐商食品和备品的看守工作。

③在隧道内换乘时，由设备管理单位操作开启隧道内的应急照明装置。

（4）旅客换乘完毕后，餐服人员核对换乘餐车旅客人数，确认旅客全部换乘完毕后，故障车和救援车的餐服人员应将各自的应急梯、过渡板及时收回，随车机械师清点数量后，定位存放。

（5）对于列车不能如期运行给旅客出行造成的不便，餐服长配合列车长应代表铁路部门向餐车旅客致歉，并感谢旅客的配合，做好后续的服务工作。

（6）故障车的餐服人员组织完旅客换乘后回本务车等待上级命令。

（五）列车晚点时的应急处置预案

（1）列车运行晚点超过 15 分钟时，餐服长要及时向列车长了解晚点原因和列车运行情况，并向分公司值班室汇报情况，听取指示。

（2）对于列车晚点的原因，餐服人员要根据列车长的要求统一口径，做好对餐车旅客的解释工作。晚点通告用语为：旅客们，我是××次列车列车长，本次列车因（暴雨、大雾、大雪、山体滑坡、泥石流等自然灾害/事故影响/设备故障）晚点，现在大约晚××小时××分。因列车晚点给您造成不便，我代表铁路部门向您表示诚挚的歉意。

（3）餐服人员加强餐车巡视，做好宣传解释工作，掌握旅客动态，了解旅客需求，稳定旅客情绪，提供优质服务，维护治安秩序。

（4）动车组列车晚点 1 小时以上且逢用餐时间，餐服长要配合列车长提前统计好车上旅客的人数及去向。遇餐商食品不足时，餐服长向列车长和分公司值班室分别汇报，由列车向所在地局客运（客服）调度员报告，由客运（客服）调度员安排前方停车站做好供餐准备，免费为旅客供餐。免费供餐费用列入主业站段的运输成本。

（5）餐车旅客因列车晚点提出赔偿、退票或出具晚点证明要求时，餐服长要及时向列车长汇报，并配合列车长根据现行法规和铁路规章做好耐心解释，力争取得旅客的理解和配合。必要时，由列车长编制客运记录交站处理。

（6）对于终到较大车站晚点 1 小时以上的列车、旅客情绪比较激动或旅客滞留列车的，餐服长要及时向分公司值班室汇报，并配合有关部门做好相关工作。

（7）出库列车应尽快整备，配合车站将滞留旅客迅速组织上车。

（8）始发、途停列车经应急处置开出后旅客情绪仍然激动，或应急处置中闹事旅客强行登乘列车时，分公司要安排管理人员登乘列车开展工作，协同餐服人员加强宣传劝阻和现场控制的力度，切实消除危害与负面影响。

（9）分公司值班室要随时做好及时将列车晚点的处置情况逐级上报的准备，主动与客运段、路局间做好信息的沟通，确定统一的宣传口径，并积极控制负面报道。

（10）未尽事宜遵照上级有关旅客列车晚点处置办法执行。

（六）发现疑似传染性疾病旅客处置预案

（1）动车组餐车发现疑似鼠疫、霍乱等重大疫情的病例或接到列车上疑似病例的通知时，餐服长应立即向列车长和分公司和值班室报告。报告内容包括：日期、车次、时间、运行地点、患者和密切接触人员简况及主要症状、旅行目的站、患者所在餐车车厢号等。

（2）根据铁路局劳卫处和疾控部门确定的处置方案，餐服人员配合列车长和有关人员在疑似病例交站等准备工作车站及铁路疾控部门做好接车紧急处置的准备工作。

（3）列车长要利用列车上设备的相关备品，立即组织工作人员和旅客做好防护，避免扩大传染。

（4）列车对患者和密切接触者立即实施隔离（使用原车厢或将传染病人带至多功能室），对密切接触者进行登记，内容包括：姓名、性别、年龄、身份证号码、联系方式等。

（5）列车须封锁已经污染或者可能污染的区域，采取禁止向外排放污物等卫生处理措施。

（6）列车长在指定停车站将传染病人、疑似病人、密切接触者以及其他需要跟踪观察的旅客及资料移交车站和铁路疾控部门。

（7）站、车积极配合现场的医疗单位和卫生防疫部门开展工作。

（8）乘警应维持好车内秩序，确保区域封锁、旅客隔离、站车移交等工作的正常开展。

（9）待列车经过消毒处理，接上级部门可以开车的指示后，方能继续运行。餐服人员应做好餐车内旅客的安抚工作，稳定旅客情绪。餐服长要及时将处置情况和后续情况向上级报告。

动车组列车发现疑似鼠疫、霍乱等重大疫情时，应遵照《国内交通卫生检疫条例》及其《实施方案》中的有关规定，在路局劳卫处和铁路疾控部门的指导下做好应急处置工作。

（七）发生旅客食物中毒或疑似食物中毒时的应急处置预案

（1）餐服长立即向列车长和分公司值班室报告。报告内容包括：日期、车次（车站）、时间、运行区段、中毒人数、危重人数及死亡人数，患者车厢分布、主要中毒表现、可疑中毒食品、采取的急救措施、现场控制措施等。

（2）列车红十字救护员对患者进行初步救护，同时通过广播寻找医生。列车要登记参加救护医生的姓名、联系方式等详细信息。

（3）如不能排除食物中毒是列车供应食品所致，要立即停止列车的食品供应，采取措施追回已售出的可疑食物，通知旅客禁止继续食用，防止事态扩大。

（4）餐服长配合列车长、客运值班员收集患者呕吐物、排泄物，剩余食品，使用密闭清洁容器存放，标识清楚（患者姓名、采集时间、是否用药、存放地点、收集人姓名等）。

（5）餐服长配合列车长、乘警组织开展调查工作，询问患者，了解经过，提取文字、影像资料。判断为投毒等恐怖事件时，公安应及时向上级部门报告。

（6）需停站处置时，列车长需及时通知司机向列车调度请示停车，列车调度应安排在最近的具备医疗救治条件的车站停车，并通知停车站做好相关的准备工作。

（7）列车到达后，站车客运、公安人员按规定办理交接手续，车站安排专人护送患者到医院诊治. 并将列车上收集的患者呕吐物、排泄物及剩余食品交铁路卫生防疫部门。

（8）有投毒、破坏情况的，公安机关依法调查处理。

（9）餐服人员要继续做好车内旅客的安抚和服务工作。餐服长要及时将处置情况和后续情况向分公司值班室报告。

（10）退乘后，分公司乘务部应组织餐服班组对确认的食物中毒事故进行全过程分析，找出责任范围和负责人，并制定相应的措施要求其立即整改，及时将处理结果用书面的形式逐级上报分公司、总公司。

（八）发生餐车旅客人身伤害或疾病等情况时的应急处置预案

1. 在列车上发生时

（1）餐服长一方面要立即向列车长汇报，另一方面利用列车上配备的急救药箱，按红十字救护方案进行初步救护。

（2）旅客伤害、病情严重，必须临时停车送医院抢救时，由列车长通知司机向列车调度请示在最近的前方站临时停车，下交伤病旅客。遇旅客死亡，客运（客服）调度还应通知下交车站联系当地卫生防疫部门。

（3）遇旅客在列车上意外死亡时，下交站应按规定程序报告所在地卫生防疫部门，由卫生防疫部门对列车进行消毒等卫生学处理。

（4）列车长应编制客运记录将受伤或死亡旅客，连同车票、携带品一并交车站处理，动车组餐服人员，餐服车参与处理。为保证列车尽快恢复正点运行，列车也可暂不移交相关材料，三日内再向受理车站补交。

（5）旅客在餐车上受伤、发生疾病无同行人或旅客在餐车上死亡时，餐服长还应会同列车长及乘警勘查现场，收集旁证物证，调查旅客受伤、死亡原因，采集不少于两份见证人的证词，根据有效证件确定伤亡者姓名、单位、住址；对参加抢救的医生的姓名、单位、联系方式进行登记。

（6）旅客人身伤害系斗殴等治安或刑事案件所致的，乘警应与站警办理案件交接。列车长应编制客运记录移交车站。

（7）如旅客身体不适是由于动车速度快等原因造成的，餐服长及时报告列车长调整旅客座席，让旅客保持一种舒适的乘车姿势。如仍安排在餐车，运行中经常看望旅客，提供相应的服务，并及时将旅客情况向列车长汇报。如不能改善或加重了旅客的不适状况，应报告列车长广播寻找医生帮助，并征求旅客或同行人的意见，确定是否要下车治疗。

（8）餐服人员发现无人护送的精神异常旅客时，应立即报告列车长、乘警。精神异常旅客如有车票，由列车长指定专人进行看护，乘警协助处理至旅客票面到站或换乘站。如精神异常人员无票时，列车长除派专人看护外，应编制客运记录移交最近的前方停车站。

（9）有人护送的精神病旅客，由列车长向护送人介绍安全注意事项，并予以协助。精神病旅客不准单独行动，离座时必须有同行人护送。

（10）精神异常旅客狂躁威胁他人人身安全或有自残行为时，乘警应依法对其采取约束性措施。必要时列车长应编制客运记录移交前方停车站处理。

（11）餐服长要及时将有关情况报告分公司值班室。

2. 发生旅客跌落在餐车站台与车体之间的缝隙或行李物品掉下站台的情况

餐服人员应立即通知列车长和随车机械师，由列车长通知车站客运值班员对旅客施救或使用专用工具取出行李物品。完毕后，按规定程序关门。如物品掉落站台，确认不危及列车安全时，可待列车出发后由车站处理。旅客如果受伤，站、车按有关规定进行处理。

（九）恶劣天气下客运组织应急处置措施

（1）餐服长在接到列车长或上级主管部门关于列车因恶劣天气影响非正常运行的通知后，应立即了解餐车内情况，对重点旅客的服务。出现异常情况要及时向列车长和上级主管部门报告。

（2）餐服长应与列车长保持联系，了解列车的运行情况，及时向餐车旅客通报。

（3）动车组列车应备足餐食和饮用水，确保供应。需补充餐食和饮用水时，餐服长应及时向列车长和分公司值班室汇报，由列车长向滞留地所在路局客运（客服）调度报告，指定车站为动车组列车补充餐食和饮用水或由分公司值班（派班）室安排为动车组列车补充餐食。

（十）运行中发现餐车出现异音、异味、异状时的应急处置预案

（1）餐服人员发现或接到旅客反映动车组走行部发出异响、车辆突发剧烈上、下跳动、车体剧烈摆动或有烧焦和橡胶、塑胶熔化等异味时，要立即向列车长汇报，列车长立即通知司机、随车机械师、乘警。

（2）随车机械师、列车长要迅速赶到现场，经随车机械师检查确认后，判断是否需要停车处理，并报告司机，司机向列车调度员报告。

（十一）发生餐车旅客吸烟引起报警或误触紧急按钮的应急处置预案

（1）得到司机通知后，随车机械师、乘警、列车长要在第一时间赶到现场确认，及时将紧急装置复位，并向司机通报情况。

（2）餐服长配合列车长和乘警调查旅客当事人姓名、地址、身份证号码、联系电话和事情经过，并形成书面材料。

（3）餐服人员及时了解餐车报警后的旅客情况，做好宣传解释工作，安抚旅客情绪。

（4）列车长逐级汇报事件发生原因和处理经过。餐服长及时将有关情况报告分公司值班派班室。

（十二）运行中遇石击列车造成餐车车窗玻璃被击碎时的应急处置预案

（1）餐服人员要迅速通知列车长、乘警、随车机械师赶赴现场处理，餐服长做好石击列车时间、地点等情况的记录。乘警按规定调查取证，餐服长给予协助。

（2）如车窗玻璃被击碎，随车机械师查看后，需调整周边旅客座席时，由列车长及时安排；需限速运行的，由随车机械师通知司机。

（3）餐服人员要迅速打扫车内玻璃碎片，防止扎伤旅客。如造成旅客伤害事故，应配合列车长做好救治工作，并按有关规定处理。

（4）现场处理完毕后，餐服人员继续做好安全防护和宣传工作。

（十三）运行中餐车车门出现故障时的应急处置预案

（1）餐服人员发现或接到旅客报告后，应立即采取安全防护措施，并报告列车长。

（2）列车长立即通知司机、随车机械师，随车机械师应立即赶赴现场处理。

（3）随车机械师确认故障车门不能及时修复时，应采取手动关闭隔离措施的方式，并报告司机和列车长。列车长应及时组织人员加装防护网，并告之司机，司机报告列车调度员，列车调度员通知前方停车站。列车长安排乘务员组织故障车厢旅客到邻近车厢下车。

（4）自动开关门装置故障时，由司机通知随车机械师和列车长，随车机械师负责处理相关故障。故障无法排除时，由随车机械师（或餐服人员）手动开关车门，客运乘务人员引导旅客进行有序乘降。

（十四）发生餐车旅客漏乘、误乘、越站、席别重号等情况时的应急处置预案

（1）因中间站站停时间短，为防止旅客越站，列车应提前通知下车旅客做好准备到车门处等候下车。

（2）发生餐车旅客误乘、越站，餐服人员应立即报告列车长，配合列车长做好

安抚工作，稳定旅客情绪，密切关注旅客的动态，防止发生旅客使用紧急制动装置造成二次停车。

（3）列车长接到旅客误乘、越站的信息后，应热心为误乘、越站的旅客当好参谋，妥善安排临时席位，并编制客运记录交前方停车站。

（4）如餐车座席被车站售卖，上车旅客的车票发生重号的情况，餐服长及时报告列车长。

（十五）动车组餐车在客运车站站台紧急停车的应急处置预案

（1）动车组停站或初起动，餐服人员发现危及旅客人身安全或行车安全，须紧急叫停列车时，直接使用频道1（频率：467.200 MHz；全路统一的站车专用无线通信频率），呼叫司机停车。

（2）司机听到呼叫后立即采取紧急制动停车（如列车尚未起动则暂不起动）。

（3）紧急停车呼叫者在得到司机应答后，通过对讲机向司机报告停车事由（同时也要向列车长报告）。列车长根据事态情况合理组织有关人员迅速处置紧急事件。动车组重联时，前、后组列车长应互通简要情况，协调处置紧急事件。

（4）紧急事件处置完毕后，紧急停车呼叫者向司机报告（同时也要向列车长报告），列车长（重联时由运行方向前组列车长）按规定程序通知司机（随车机械师）关闭车门，司机按规定程序开车。

（5）未尽事宜遵照上级有关动车组在客运车站站台紧急停车处置办法执行。

（十六）餐商食品发生质量问题时的应急处置预案

1. 处置原则

商品、食品发生质量问题时的处置程序原则：停止销售、及时召回、立即汇报、妥善处理。

2. 处置流程

立即报告—停止销售—分析留样—立即召回—分析整改。

3. 处置方法

（1）立即报告。

商品、食品等发生质量问题，餐服长必须迅速了解情况，立即向分公司值班（派班）室和乘务部汇报，报告内容主要包括：车次、时间、区间、品名、问题、旅客食用后的情况反映、旅客姓名、到站等。

（2）停止销售。

餐服乘务员在列车上销售时发现商品和食品有质量问题时应立即停止销售，及时粘贴销毁标签，做好销毁记录。将问题商品的品名、批号、出厂日期、保证期限及发现、处理过程向分公司值班（派班）室和乘务部汇报。

（3）分析留样。

列车上发现旅客食用商品和餐品产生不良反应的报告时，分公司应及时将库内留存的供应商留样商品送交食品卫生监督部门进行检验，及时赶往事发地获取造成不良反应的食物，如发生旅客呕吐的，要提取呕吐物样本送交食品卫生监督部门进行检验。

（4）立即召回。

列车上旅客食用商品和餐品时发生疑似食物中毒时，按“食物中毒事件应急预案”执行，立即召回全部商品和餐品，以防止扩大不良反应的区域，并配合有关部门，做好疑似食物中毒旅客的抢救和善后工作，及时向有关领导汇报。

（5）分析整改。

乘务部和采购配送中心应对确认的商品质量问题进行全过程分析，找出责任范围和责任人，并制定相应的措施立即整改，并及时将处理结果逐级上报分公司、公司。

（十七）旅客投诉的应急处置预案

1. 处置原则

发生旅客投诉处置程序遵守的原则：及时道歉，耐心解释，了解需求，做好服务。

2. 处置流程

及时道歉—耐心解释—了解需求—主动服务—报告情况—反馈信息。

3. 处置方法

（1）发生服务质量、食品质量问题时，应及时向旅客道歉，并给予调换或退款，餐服长主动了解事情经过，主动了解旅客姓名、地址和联系方式，并向旅客承诺及时向其反馈调查处理意见。

（2）由于列车车运行晚点、餐车设备出现故障、配餐计划不周等原因造成旅客误餐的，立即向列车长报告，耐心向旅客做好解释工作并致以歉意，并立即向分公司值班（派班）室和乘务部汇报，按上级指示采取处理办法和措施。

（3）乘务中遇有媒体记者因对餐车供应、餐车服务、卫生不满意而发生投诉时，餐组长应立即向列车长汇报，并迅速向分公司值班调度和乘务部详细汇报，包括事情经过、处理措施、记者态度、媒体部门及记者联系电话，并立即对存在的问题进行整改。

（4）乘务部应迅速向分公司领导汇报，同时随时与餐服保持联系，掌握事态进展情况，防止事态扩大，采取有效措施，主动与媒体和投诉人取得联系，代表单位部门，沟通处理意见，争取达成共识。

（5）因餐服乘务员责任导致旅客投诉列车工作人员的，餐服长对当事人要进行严肃批评，不得以任何理由护短，并积极、主动地道歉、承认错误和承担责任。

（6）旅客执意要向有关部门投诉的，餐服长除做好解释、道歉工作外，还应向列车长汇报，协助列车长做好不少于两份的有效旅客证明材料。

（十八）旅客发生烫伤时的应急处置预案

1. 旅客自身责任

（1）在餐车发生旅客烫伤后，餐服长一方面利用列车上配备的急救药箱安排红十字救护员迅速赶到现场进行救护，另一方面立即报告列车长，安排广播找医生帮助救治。

（2）餐车上有条件的话用冷水冲洗烫伤部位30分钟左右，然后擦烫伤膏或者蜂蜜。

（3）如果旅客烫伤的面积较大，烫伤的又是重要部位，且前方站又较远时，要配合列车长做好有关工作。列车长及时告知司机，上报所在局客调请示在最近的前方有医疗条件的车站临时停车（一般情况下列车长交最近前方停车站即可，如旅客不愿意中途下车，要求在其到站下车接受治疗时，列车长应让旅客在客运记录上签字，注明本人不愿在××站下车治疗等字样，并且收集旅客不愿下车的旁证书面材料，列车长再重新编制记录交旅客到站处理）。

（4）列车长做好下交旅客的准备，及时联系前方到站派人接车（经旅客或同行人同意后通知车站拨打120到站接车）。

① 编制客运记录（详细：病人姓名、性别、身份证号、地址、车票票号、日期、区间、车次、携带品明细及同行人相关资料）。

② 不少于2份的旁证材料（同行人、救治医生、旁边旅客、列车长为旅客取证时拍照录音也可）。如果因时间不够来不及编客运记录或者取证，列车长因当机立断地直接将受伤旅客交站处理，事后再补客运记录和旁证材料（如果事发时，列车即将到站是列车的终到站或折返站时，列车长可将当事人旅客及了解情况的旅客的车票拍下，留下联系方式即可）。

2. 第三方责任

（1）接到乘务员的报告后，一方面利用列车上配备的急救药箱安排红十字救护员迅速赶到现场进行救护，另一方面立即通过广播寻找医生帮助救治，同时通知乘警协商解决。

（2）对烫伤旅客进行必要的救治。

（3）了解事情原因，准备不少于两份的旁证材料（同行人和当事人、第三方责任人、周边旅客）。

（4）如果旅客之间自行协商解决时，由乘警负责协调（无乘警或巡警时由列车长负责协商）并书面填写协调协议，双方当事人亲笔签名后，列车长留存一份。

（5）双方当事人协调无果时，列车长编制客运记录（详细：姓名、性别、身份证号、地址、车票票号、日期、区间、车次、携带品明细、同行人相关资料及第三方旅客的详细信息）交最近前方停车站处理（如果烫伤旅客要求在其下车站治疗时，要在双方旅客都同意的情况下，由被烫伤旅客在客运记录上签字，注明本人不愿在

××站下车，并且收集旅客不愿下车的旁证书面材料，列车长再重新编制记录交旅客到站处理）。

（6）如果被烫伤旅客的情况较严重时，列车长应在最近的前方停车站（如果前方到站较远时，列车长及时告知司机，上报所在局客调请示在最近前方有医疗条件的车站临时停车）。将双方当事人编记录，连同旁证材料交站处理。

（7）被烫伤旅客与第三方责任人到站不同时，原则上以交最近前方到站处理为主，尊重被烫伤旅客意见为辅的程序进行处理，如果双方旅客意见无法达成一致时，由乘警负责协调处理（无乘警或巡警时由列车长负责协商）。

3. 列车或工作人员的责任

属餐服人员责任的，餐服长比照旅客自身责任办理，配合列车长在处理现场做好有关工作，并及时将有关情况报告给分公司值班（派班）室。

列车长要提前与所交车站联系，车站拒绝接受时，列车长要说明情况，讲清规章规定，要求车站必须要及时交接，如果交接不及时造成列车晚点或其他后果发生，责任由车站承担，列车长要记下拒接值班员的姓名及胸牌号码，并打电话向当地动车台、局客调、段调度室、车间汇报，车间要及时将信息传递到安全科。

三、附件

附件一：应急处理基本流程图。

附件二：二阶段 CRH2C 型车安全基础设备数量及位置。

附件三：380AL 型车底安全基础设备数量及位置。

附件四：动车组餐服乘务人员作业岗位安全风险控制措施表。

附件五：动车组消防安全小组名册。

附件一：

应急处理基本流程图

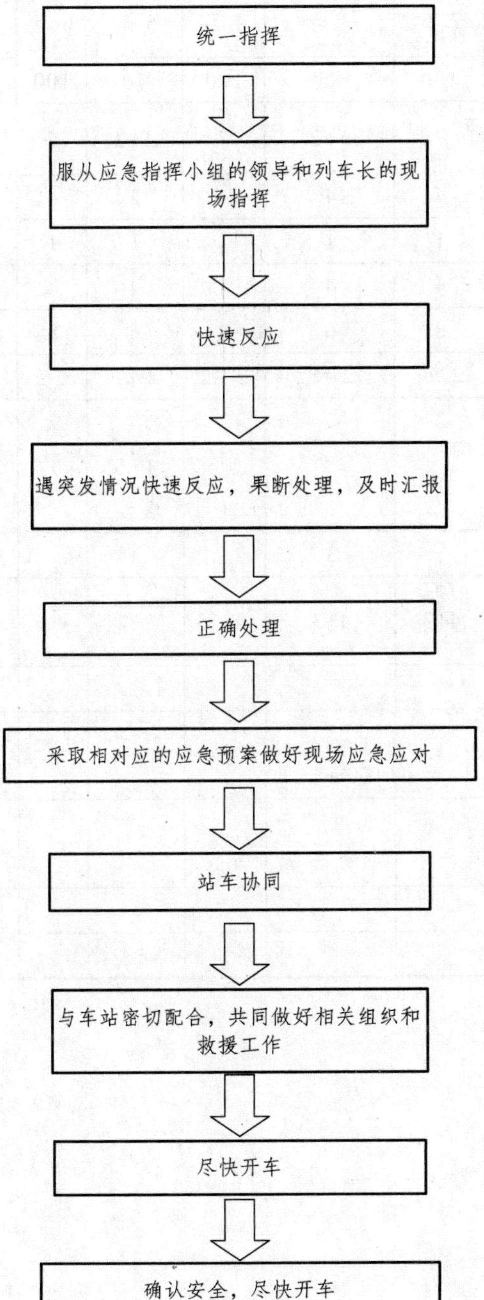

图 6-1

附件二：

二阶段 CRH2C 型车安全基础设备数量及位置。

车厢号 类别	1车	2车	3车	4车	5车	6车	7车	8车	合计
定员	55	100	85	100	70	100	51	65	626
插座	4（车厢）+2（洗脸间）	7	6+2	7	4+2	7	7+1	4	53
灭火器	5	4	4	4	3	4	4	5	33
防火隔断门		1	1	2	1	1	1	1	8
紧急破窗锤	4	4	4	4	4	4	4	4	32
紧急敲击点	6	8	6	8	6	8	4	6	52
紧急按钮	2组	2组	2组	2组	2组	2组	2组	2组	16
大件行李处		2		2		2		1	7
茶炉		1	1		1+1（餐车）			1	5
厕所	3		3		3		3		12
电视	4（板壁上）	4+3	4+3	4+3	7+2	4+3	4+3	4+2	56
紧急电梯	1							1	2
安全渡板			3（备品柜）				1（乘务室对面备品柜）		4
安全防护网			8（其中一个大的）						
应急灯	1						1	1	3
应急喇叭	1						1	1	3

附件三：

380AL 型车底安全基础设备数量及位置。

类别＼车厢号	1 车	2 车	3 车	4 车	5 车	6 车	7 车	8 车	9 车	10 车	11 车	12 车	13 车	14 车	15 车	16 车	合计
定员	13	56	56	85	73	85	85	85	38	85	85	85	85	85	85	13	1099
插座（车厢+洗脸间）	15	29	29	35	30	35	35	35	17	35	35	35	35	35	35	15	485
灭火器	2+2+1（干 4L）	2+2	2+2	2+2	2+2	2+2	2+2	2+2	2+2+2（水 4L）	2+2	2+2	2+2	2+2	2+2	2+2	2+2+1（干 4 L）	68
防火隔断门		1	1	1	1	1	1	2	1	1	1	1	1	1	1	1	16
紧急破窗锤	2	4	4	4	4	4	4	4	5	4	4	4	4	4	4	2	61
紧急敲击点	2	4	4	4	4	4	4	4	5	4	4	4	4	4	4	2	61
紧急按钮	2 组	2 组	2 组	2 组	2 组	2 组	2 组	2 组	2 组	2 组	2 组	2 组	2 组	2 组	2 组	2 组	32
大件行李处	1	1	1	1	2	1	1	1	0	1	1	1	1	1	1	1	16
茶炉	1	1	1	1	1	1	1	1	1	1	1	1	1	1	1	1	16
洗脸间	1（独立）	1	1	1	1	1	1	1	0	1	1	1	1	1	1	1（独立）	15
厕所（座+蹲）	1	1+1	1+1	1+1	1+1	1+1	1+1	1+1	0	1+1	1+1	1+1	1+1	1+1	1+1	1	28
备用柜	1 六角	1（1）	1（1）	1（3）		1（1）		1（3）	4+1 储	1（3）	1（1）		1（1）		1（3）+1（1）	1 六角	17
电视（板壁+顶棚）	11（独立）	4+4	4+4	4+4	4+4	4+4	4+4	4+4	3	4+4	4+4	4+4	4+4	4+4	4+4	11（独立）	129
紧急电梯	1															1	2
安全渡板				1				1		1					1		4
安全防护网				2+2（大）				4		4					4		16
应急灯	1								1							1	3
应急喇叭	1								1							1	3
车门（单面）																	
垃圾箱																	

附件四：

动车组餐服乘务人员作业岗位安全风险控制措施表。

序号	作业环节	风险源	风险控制目标	正常情况写的控制措施	非正常情况下的阻断措施
1	值乘中	商品、餐品过期变质	确保食品安全	严格落实食品安全管理制度，出售商品、餐品前仔细检查商品、餐品质量、保质期是否合格，严禁出售超时、过期食品	发现过期、变质商品、餐品停止出售，隔离放置，退乘统一交库房处理
2	值乘中	无健康证，引起旅客食品中毒及传染病	防止旅客食物中毒	餐服人员必须有健康证才允许上岗。做好个人卫生，保持清洁	发现无健康证人员立即停止工作，对当事人进行处罚
3	值乘中	安全防护网灭火器不会使用	应急情况下全员会使用	统一组织全员学习相关安全知识，并会现场实践操作	不会理论知识和现场操作的人员，一律下岗再培训，考试合格后方能上岗
4	值乘中	未检查 5 型列车餐车边门	保证列车安全正点	严格落实车门制管理	及时报告机械师进行检修
5	值乘中	私接电源，违章使用大功率电器	防止发生火灾	严禁私接电源，违章使用大功率电器	立即停止违章行为
6	值乘中	餐车电源插座	防止电源起火	按规定不使用电器时，及时拔下电源	发现异常及时报告车辆部门进行检修
7	值乘中	垃圾袋的注水	防止火灾	严格落实安全管理制度，更换垃圾袋后及时注水	发现有燃点及时用灭火器进行灭火

附件五：动车组消防安全小组名册

动车组列车消防安全领导小组及应急指挥组。

职务		成员	成员	成员	成员	成员	成员
工种							
工种	列车长	本务司机	随车 机械师	乘警长	餐服长	随车 保洁领班	

疏散组

职务	工种	工种
组长		列车长
组员		随车保洁领班
		大号保洁员
		小号保洁员

灭火组

职务	工种	工种
组长		随车机械师
组员		大号保洁员
		小号保洁员
		1 号餐服乘务员
		2 号餐服乘务员

伤员抢救组

职务	工种	工种
组长		餐服长
组员		3 号餐服乘务人员

警戒组

职务	工种	工种
组长		乘警长
组员		4 号餐服乘务人员

动车组消防安全小组名册说明：

班组所有乘务员均为义务消防队员。未列入以上机构的乘务员，在应急处理事故中，应坚守岗位，维护车厢或按指挥组要求完成指定的工作。动车组重联时，每个乘务车班为一个应急小组。分工推荐方案（供参考，结合班组实际制定）如下。

疏散组：组长由列车长担任，可由乘警长带队（执法人员，便于组织疏散），一旦形成火势，不易扑救时，就近的乘务员、保洁员、餐服乘务人员应首先履行疏散旅客的职责。

灭火组：组长由随车机械师担任，随车机械师参与扑救、指导扑救电器火灾，本组人员要力量强、业务熟、反应快、扑救及时，主要参加人员应有：列车长、乘警长、餐服乘务人员、安全员、列车乘务员（即时发现，立即扑救）。

伤员抢救组：组长由餐服长担任。

警戒组：组长由乘警长担任（便于现场保护和组织，防止闲杂人员入内，防止犯罪嫌疑人、肇事者逃逸），配备部分餐服乘务人员参加，主要负责对旅客的防护。对列车的防护按有关规定执行。

项目七　餐服乘务人员应知应会

一、随车餐服、保洁人员防火岗位职责

（1）遵守动车组消防管理规定，服从命令，听从指挥，坚守岗位，严格按照规定使用电气设备。

（2）严格落实巡视制度，及时制止旅客吸烟，保洁人员每半个小时至少对车厢厕所进行一次防火巡查，并在车厢巡视卡上签名，每站到站后及时将垃圾清运下车，并往车厢废物箱注水浸湿。

（3）学习消防知识，达到“三懂三会”，熟练掌握火灾事故应急预案。

（4）运行中发现旅客吸烟或出现火情、冒烟的，立即向消防安全小组的其他成员进行通告，按照联动程序进行处置，并配合公安、安监部门调查处理。

（5）发生火灾时，按火灾事故应急预案立即通知列车长和司机，及时疏散旅客，扑救初起火灾。

（6）定期参加消防安全培训和火灾事故应急预案演练。

二、动车组火灾事故应急处置，应遵循的原则

统一指挥、快速反应、正确处置、站车协同、尽快开车。

三、旅客列车火灾爆炸事故应急方案40个字

立即停车、疏散旅客、迅速扑救、切断火源、设置防护、报告救援、抢救伤员、保护现场、协助查访、尽快开车。

四、对安全防护备品要做到“两知一会”，列车消防应做到“三懂三会”

两知一会：是指知位置、知性能、会使用。

三懂：是指懂得本岗位的火灾危险性。懂得预防火灾的措施，懂得扑救初起火灾的方法。

三会：是指会报警，会使用灭火器材，会扑救初起火灾。

五、动车组列车上灭火器的种类、适用范围及使用方法：

灭火器的种类：分为干粉灭火器、水雾灭火器。

干粉灭火器适用范围：（1）普通固体材料火；（2）可燃液体火；（3）气体和蒸气火；（4）带电物质火。

水雾灭火器适用范围：（1）固体材料火；（2）可燃液体火；（3）可燃气体火；（4）一般电器设备火。

使用方法：拔掉保险销，握紧喷嘴，对准火焰根部，压下压把，干粉即可喷出。

注意：不能用水灭以下类型的火灾：一是汽油、煤油等易燃液体着火不能用水灭，因为这些物质比重比水轻，又不溶于水。二是发生电器火灾不能用水灭，因为水有导电性，用水灭火会触电伤人。三是遇水燃烧的物质（如金属钾、钠和电石）发生火灾时不能用水灭。因为这些物质遇水分解会产生可燃气体，加剧燃烧。四是精密仪器、贵重文件起火不能用水灭，因为水会损坏这些物品。

六、“四控一规范”管理措施

（1）控制冷热藏温度，热链餐食品热藏温度不低于60摄氏度。冷藏温度不高于10摄氏度。再加热食品中心温度不低于70摄氏度。

（2）控制生产日期标识，配餐食品必须标注到日、时、分。

（3）控制保质期限、烧熟至食用的时间间隔不得超过四小时。

（4）控制剩余配餐食品，隔餐剩余食品必须销毁、不得销售。规范作业程序，确保食品定位存放，加热时间充分。操作符合卫生要求，严禁无生产厂家、无生产日期、无保质期限、过期和变质食品销售。配送的食品应留样备检，留样的时间不少于48小时。

七、对查获危险品如何处置

（1）在列车上查出的“三品”应依法予以没收。

（2）查出的危险品由列车长指定专人看管，枪支、弹药、爆炸物品、管制刀具等依法应由公安机关管理的，由列车乘警妥善保管，对发令纸、鞭炮等危险品，应立即浸水，在列车最近停车站，交车站处理；车站设公安派出所的，由乘警按站车交接程序向派出所移交；车站不设公安派出所的，由列车长编制记录，移交车站进行处理；发现车厢内有旅客违章携带易燃液体从容器中溢出时，乘务人员应立即动员旅客熄灭一切火种，及时打开车窗通风并将溢出的易燃液体清除干净，剩余的要进行妥善处理。

（3）对携带危险品的旅客由公安部门依照规定给予治安处罚。

（4）没收危险品时，应向被没收人出具书面证明。

八、加装防护网的作业方法

加装防护网由列车长单一指挥，机械师配合，乘警负责维护车内秩序，列车员 2 人、餐服员 2 人、保洁员 4 人共计 8 人负责安装，两人一组，互相配合、互相防护，加装防护网及开启车门的数量由列车长根据现场情况指定，防护网加装牢固两人确认后手动开门，开门后乘务人员在距车门 1 米的合适位置值守，值守时乘务员要站稳，抓牢，面向车内，监控车厢内的动态，阻止旅客因靠近发生意外，故障排除关闭车门或恢复供电后及时拆除安全防护网并送回指定的存放位置。

九、动车经营分公司路风“十个严禁”

（1）严禁私带无票旅客或安排旅客越席乘车。

（2）严禁粗暴待客，侮辱、打骂、调戏旅客或野蛮待客。

（3）严禁待班和值乘中饮酒。

（4）严禁个人盈利性捎、买、带，或携带超重商（物）品。

（5）严禁销售过期、无“三期”、变质、假冒伪劣食品。

（6）严禁乱涨价乱收费，不得以次充好。

（7）严禁强买强卖，强行搭售商品或以任何借口索要旅客钱物。

（8）严禁擅自增加项目，私上、私售餐品、商品。

（9）严禁偷拿、私分旅客免费发放物品及餐车备品、商品、餐品。

（10）严禁携带与餐车经营相同品名、规格的食品。

项目八　铁路运营食品许可管理

铁路运营食品经营活动包括国家、地方和合资铁路以及铁路专用线、专用铁路、临管线和铁路多种经营企业。

铁路站车范围指铁路车站主体站房前风雨棚以内、候车室、站台等站内区域和铁路客货运列车。

铁路运营站段范围指与运输有关的机务、车务、工务、电务、车辆、行车公寓（招待所）、配餐基地等铁路所属站段（单位）围护设施结构以内的地域。

在铁路运营站段范围内专供铁路站车使用的食品的配餐生产，属于铁路运营食品餐饮管理范畴，由铁路食品安全监督机构负责监管。

上述范围内的《餐饮服务许可证》的初次申请、延续、变更，到辖区内铁路卫生监督机构办理。

任务一　《餐饮服务许可证》的申请、延续和变更

一、《餐饮服务许可证》申请

餐饮服务实行许可制度，从事餐饮服务的单位和个人必须在取得《餐饮服务许可证》后方可经营。办理《餐饮服务许可证》到辖区内铁路卫生监督所提出申请。

《餐饮服务许可证》的有效期为 3 年，临时从事餐饮服务活动的，许可证有效期不超过 6 个月。

旅客餐车《餐饮服务许可证》实行“一车底一证”。

铁路运营食品经营者取得《餐饮服务许可证》后，应当妥善保管，不得伪造、涂改、倒卖、出租、出借或者以其他形式非法转让。

铁路运营食品经营者应在经营场所醒目位置悬挂或者摆放许可证正本。

二、《餐饮服务许可证》延续

铁路运营食品经营者需要办理延续《餐饮服务许可证》的，应当在许可证有效

期届满 30 日前向原许可机关提出延续申请。逾期提出延续申请的，按照新申请许可办理。

对申请延续许可的，铁路食品安全监督管理办公室应当以加工经营场所、布局流程、卫生设施等是否有变化为重点进行审核，符合规定条件和相关标准、要求的，应当准予延续并颁发新的《餐饮服务许可证》，原许可证证号不变。

铁路运营食品经营者在领取变更、延续后的新《餐饮服务许可证》时，应当将原许可证交回发证机关。

三、《餐饮服务许可证》变更

铁路运营食品经营者改变许可事项（单位名称、法人或负责人、许可项目等改变）或改变加工经营场所的布局流程、主要卫生设施的，应当向原许可机关申请变更许可。未经许可的，不得擅自改变许可事项。

对申请变更许可的，铁路食品安全监督管理办公室应当以申请变更内容为重点进行审核，符合规定条件和相关标准、要求的，应当准予变更并颁发新的《餐饮服务许可证》，原许可证证号和有效期限不变。

四、《餐饮服务许可证》补发

铁路运营食品经营者遗失《餐饮服务许可证》的，应当于遗失后 60 日内在报刊上公开作废声明，持相关证明和补办申请向原发证机关申请补发，许可证毁损的，凭毁损的许可证原件向原发证机关申请补发。

五、《餐饮服务许可证》注销

有下列情形之一的，铁路食品安全监督管理办公室应当依法办理许可的注销手续。

（1）许可证有效期届满未申请延续的，或者延续申请未被批准的。

（2）食品经营者没有在法定期限内取得合法主体资格或者主体资格被依法终止的。

（3）许可证依法被撤销或者依法被吊销的。

（4）因不可抗力导致餐饮服务许可事项无法实施的。

（5）食品经营者主动申请注销的。

（6）依法应当注销的其他情形。

《食品流通许可证》的申请、延续、变更、补发、注销程序比照《餐饮服务许可证》办理程序。

任务二　许可证初次申请、延续、变更的程序和资料

一、《餐饮服务许可证》初次申请、延续、变更的程序

（1）申请和延续填写餐饮服务许可申请书中的表1~表4，变更填写表5。

（2）按照申请书上的“填写说明”填写。

（3）按照申请书上的“需申报的资料”要求提供相应的资料。

（4）携带填写好的申请书及需要申报的资料到卫生监督机构接受资料审核。

（5）资料审核符合许可证发放要求的，监督部门会出具“许可申请材料接收凭证”和“许可申请受理决定书”。

（6）监督部门20日内到申请人经营场所按照“餐饮服务许可现场核查表”和国家食药局《餐饮服务许可审查规范》进行审核，审核符合许可证发放要求的10日内发证。

二、餐饮服许可证申请书

餐饮服务许可申请书

编号：

申请人：

申请日期：

申请类别：☐初次申请　☐变更　☐延续

填写说明

（1）申请书适用于铁路运营食品经营者初次申请、变更、延续餐饮服务许可。

（2）初次申请、延续餐饮服务许可的，填写表1、表2、表3、表4；变更餐饮服务许可的，填写表5。

表 1　基本信息表

<table>
<tr><td>单位名称</td><td colspan="3"></td></tr>
<tr><td>单位地址</td><td colspan="3"></td></tr>
<tr><td>经济性质</td><td></td><td>固定资产（万元）</td><td></td></tr>
<tr><td>场所面积（平方米）</td><td></td><td>产权人</td><td></td></tr>
<tr><td>职工人数</td><td></td><td>应体检人数</td><td></td></tr>
<tr><td>供餐人数</td><td></td><td>就餐座位数</td><td></td></tr>
<tr><td>法定代表人</td><td></td><td>联系电话</td><td></td></tr>
<tr><td>负责人</td><td></td><td>联系电话</td><td></td></tr>
<tr><td>业主</td><td></td><td>联系电话</td><td></td></tr>
<tr><td>委托代理人</td><td></td><td>联系电话</td><td></td></tr>
<tr><td colspan="4">申请许可项目：
类别：□特大型餐馆；□大型餐馆；□中型餐馆；□小型餐馆；□食堂；□快餐店；□小吃店；□饮品店；□甜品站；□中央厨房；□旅客餐车；□铁路配餐；□餐料配送（指客运段地勤、旅服车间、中途补料点等为餐车提供餐料的单位)；□站售快餐；
□其他（　　）
备注：□兼营预包装食品零售；
□全部使用半成品加工；□单纯火锅；□单纯烧烤；
□机关单位食堂；□行车公寓食堂；□幼儿园食堂；□伙食团；
□中餐类制售；□西餐类制售；□快餐类制售；□韩餐类制售；
□含凉菜；□含裱花蛋糕；□含生食海产品；□冷热饮品制售；
□其他（　　）</td></tr>
</table>

（3）本申请书由申请人填写。填写时要用黑色钢笔、碳素笔或者打印，文字要求简练、清楚，不得有涂改的现象。无须填写的，在空格中以斜线划去。

（4）“申请人”是指申请、变更、延续餐饮服务许可的单位或个人，按工商行政部门核定名称填写。不需要核定名称的单位，要按照单位隶属关系填写全称。

（5）“申请类别”包括初次申请、变更、延续三种，在对应类别前的□内打“√”。

（6）经济性质有：国有企业，集体企业，股份合作企业，联营企业，有限责任公司，股份有限公司，个人独资企业，合伙企业，港、澳、台商投资企业，外商投资企业，个体工商户。

（7）“场所面积”是指与食品制作供应直接或者间接相关的场所的面积。包括食品处理区面积、非食品处理区面积和就餐场所面积。

（8）填写“申请许可项目”，应在对应分类及备注勾选相应的申请项，如所申请项未在列出的范围内的，勾选“其他”项，并填写具体内容。

（9）本申请书内所称的食品安全管理人员是指企业内部专职或者兼职的食品质量安全负责人；个体工商户的食品安全管理工作由业主承担。

表 2　食品安全设施表

食品安全设施：				
序号	名称	数量	位置	备注
保证申明 申请人保证：本申请书中所填内容及所附资料均真实、合法。如有不实之处，本人（单位）愿负相应的法律责任，并承担由此产生的一切后果。 申请人（签名）： 年　月　日				

表 3　负责人情况登记表

姓名		性别		民族	
职务		任免单位			
联系电话					
户籍登记住址					
身份证号码					
（身份证复印件粘贴处）					
负责人承诺： 过去五年内，本人担任主管人员的食品生产经营单位，不存在被吊销食品生产、流通或者餐饮服务许可证的情形。同时，本单位将严格遵守《食品安全法》第九十二条第二款的规定。 谨此承诺，本表所填内容不含虚假成分，现亲笔签字确定。 签字： 年　月　日					

（10）所附申报资料应使用 A4 纸打印。申报的资料、证件应当是原件，如需提交复印件的，应当在复印件上注明“与原件一致”。并由申请人或者指定代表（委托代理人）签字（盖章）。

（11）同一餐饮服务提供者在同一车站内经营多个售货亭（车）的，填写一份申请书。同时提交售货亭（车）数量、编号等信息。旅客餐车以车次为单位，填写一份申请书，同时提交车底数量、组别等信息。

（12）申请书封面编号由受理申请单位填写。

（13）本申请书一式一份。

（14）本申请书应为申请材料首页，所附资料应按编号顺序整理装订。

表 4　食品安全管理人员情况登记表

姓名	性别	职务	身份证号码	联系电话

（身份证复印件粘贴处）

食品安全管理人员承诺：

过去五年内，本人担任主管人员的食品生产经营单位，不存在被吊销食品生产、流通或者餐饮服务可证的情形。

谨此承诺，本表所填内容不含虚假成分，现亲笔签字确认。

签字：

年　月　日

初次申请、延续许可需申报的资料：

（1）需办理工商营业执照的食品经营者，应提交名称预先核准证明材料。

（2）法定代表人（负责人或者业主）的身份证复印件。

（3）委托非本单位人员办理申请时，应提交委托代理人的身份证复印件及委托书。

（4）租赁铁路场所从事餐饮服务活动的，应提交加工经营场所的合法使用证明（如房屋所有权证或租赁协议等）。

（5）加工经营场所和设备布局、加工流程、卫生设施等示意图（图中应标明用途、面积、尺寸、比例、人流物流、设备设施位置等）。

（6）食品安全管理人员的食品安全培训合格证明。

（7）从业人员健康体检和食品安全知识培训合格证明复印件（10人以上提供花名册，内容包括姓名、性别、年龄、工种、证件编号、发放日期、体检培训单位）。

（8）保证食品安全的规章制度（至少包括食品和食品添加剂采购索证验收管理制度、食品储存管理制度、食品添加剂使用管理制度、粗加工管理制度、烹调加工管理制度、餐饮具清洗消毒保洁管理制度、专门食品安全管理制度、食品留样制度、餐厨废弃物管理制度、设施设备运行维护和卫生管理制度、食品及相关物品定位存放制度、病媒生物预防控制制度、从业人员健康管理制度、从业人员食品安全知识培训管理制度、食品安全综合检查管理制度等）。

（9）食品安全事故应急处置方案。

（10）使用非城市管网自来水的单位，应提交经国家资质认可的检验机构出具的用水检验合格报告，报告的出具时间不超过最近6个月。

（11）一次性食品相关用品的检验合格证明。

（12）关键环节食品加工规程（至少包括食品和食品原料验收操作规程、食品储存操作规程、食品加工操作规程、食品添加剂贮存使用操作规程、专间操作规程、食品用具清洗消毒操作规程、不符合食品安全要求的食品处理规程）。

（13）新、改、扩建经营场所的经营者，提交《预防性竣工卫生验收认可书》。

（14）经营场所使用集中空调通风系统的经营者，提交集中空调通风系统按规定开展清洗消毒和卫生学评价合格的证明材料。

（15）铁路配套单位应同时提交：产品原料配方、产品包装形式说明、产品包装材料卫生标准、与实际产品内容相符的标签和标识说明书样张、产品卫生质量标准、检验条件及能力、与生产规模相适应的运送热藏或冷藏食品的容器及车辆条件和温度控制装置说明。

（16）自制火锅底料、自制饮料、自制调味料的餐饮服务单位提交所使用的食品添加剂名称。

（17）延续许可的，提交原许可证复印件。

表 5　基本信息表

<table>
<tr><td rowspan="9">原
核
准
内
容</td><td>单位名称</td><td></td></tr>
<tr><td>单位地址</td><td></td></tr>
<tr><td>法定代表人
（负责人或业主）</td><td></td></tr>
<tr><td>类别</td><td></td></tr>
<tr><td>备注</td><td></td></tr>
<tr><td>许可证编号</td><td></td></tr>
<tr><td>许可证发证时间</td><td>年　月　日</td></tr>
<tr><td>许可证有效期限</td><td>年　月　日至　年　月　日</td></tr>
<tr><td colspan="2"></td></tr>
<tr><td colspan="3">申请变更内容（请在相应的□内打“/”）:
□单位名称；□法定代表人（负责人或业主）；□地址名称；
□类别；□备注；□其他（——）</td></tr>
<tr><td colspan="3">申请变更内容变更为：</td></tr>
<tr><td colspan="3">附申报资料
1. 原许可证复印件
2. 变更原因说明
3. 有关部门出具的核准变更证明材料
4. 委托非本单位人员办理申请时，委托代理人的身份证复印件及委托书</td></tr>
<tr><td colspan="3">保证申明
申请人保证：本申请书中所填内容及所附资料均真实、合法。如有不实之处，本人（单位）愿负相应法律责任，并承担由此产生的一切后果。
申请人（签名）:
年　月　日</td></tr>
</table>

三、食品流通许可证书

餐饮服务许可证申请书
编号：
申请人：
申请日期：
申请类别：□初次申请　□变更　□延续

填写说明

（1）本申请书适用于铁路运营食品经营者初次申请、变更、延续食品流通许可。

（2）初次申请、延续食品流通许可的，填写表1、表2、表3、表4；变更食品流通许可的，填写表5。

（3）本申请书由申请人填写。填写时要用黑色钢笔、碳素笔或者打印，文字要求简练、清楚，不得有涂改现象。无须填写的，在空格中以斜线划去。

（4）“申请人”是指申请、变更、延续食品流通许可的单位或个人，按工商行政部门核定名称填写。不需要核定名称的单位，要按照单位隶属关系填写全称。

（5）“申请类别”包括初次申请、变更、延续三种，在对应类别前的方格内打“√”。

（6）“经营场所”要表述单位具体位置，明确门牌号。如无门牌号的，要明确参照物。

（7）“主体类型”是指企业的经济性质。包括：国有企业，集体企业，股份合作企业，联营企业，有限责任公司，股份有限公司，个人独资企业，合伙企业，港、澳、台商投资企业，外商投资企业，个体工商户。

（8）“许可范围”根据拟申请的食品经营项目和经营方式，在对应的经营项目和经营方式前的方格内打“√”；经营方式只能选择其中一种，经营项目可以兼项选择。

（9）本申请书内所提到的食品安全管理人员是指企业内部专职或兼职的食品质量安全负责人：个体工商户的食品安全管理工作由业主承担。

（10）所附申报资料应使用A4纸打印。申报的资料、证件应当是原件，如需提交复印件的，应当在复印件上注明“与原件一致”。并由申请人或者指定代表（委托代理人）签字（盖章）。

（11）同一经营者在同一车站内或同一列车上经营多个售货亭（车）的，填写一份申请书，同时提交售货亭（车）数量、编号等信息。

（12）申请书封面编号由受理申请单位填写。

（13）本申请书一式一份。

（14）本申请书应为申请材料首页，所附资料应按编号顺序整理装订。

表1　基本信息表

单位名称			
经营场所			
类体类型		固定资产（万元）	
经营场所面积（平方米）		产权人	
法定代表人		联系电话	
负责人		联系电话	
委托代理人		联系电话	
类别	□1．商场　□2．超市　□3．批发企业　□4．食杂店 □5．售货车　□6．售货亭　□7．其他		
许可范围	经营方式： □1．批发 □2．零售 □3．批发兼零售	经营项目： □1．预包装食品 □2．散装食品 □3．冷藏食品	

表2　食品安全设施表

食品安全设施：

序号	名称	数量	位置	备注

保证申明

申请人保证：本申请书中所填内容及所附资料均真实、合法。如有不实之处本人（单位）愿负相应法律责任，并承担由此产生的一切后果。

申请人（签名）：

年　月　日

表 3　负责人情况登记表

姓名		性别		民族	
职务		任免单位			
联系电话					
户籍登记住址					
身份证号码					

（身份证复印件粘贴处）

负责人承诺：

过去五年内，本人担任主管人员的食品生产经营单位，不存在食品生产、流通或者餐饮服务许可证被吊销的情形。同时，本单位将严格遵守《食品安全法》第九十二条第二款的规定。

谨此承诺，本表所填内容不含虚假成分，现亲笔签字确定。

签字：

年　月　日

表 4　食品安全管理人员情况登记表

<table>
<tr><td>姓名</td><td>性别</td><td>职务</td><td>身份证号码</td><td>联系电话</td></tr>
<tr><td></td><td></td><td></td><td></td><td></td></tr>
<tr><td></td><td></td><td></td><td></td><td></td></tr>
<tr><td></td><td></td><td></td><td></td><td></td></tr>
<tr><td colspan="5">（身份证复印件粘贴处）</td></tr>
<tr><td colspan="5">食品安全管理人员承诺：
过去五年内，本人担任主管人员的食品生产经营单位，不存在被吊销食品生产、流通或者餐饮服务可证的情形。
谨此承诺，本表所填内容不含虚假成分，现亲笔签字确认。
签字：
年　月　日</td></tr>
<tr><td colspan="5">初次申请、延续许可需申报的资料：
（1）需办理工商营业执照的食品经营者，应提交名称预先核准证明材料。
（2）法定代表人（负责人）的身份证复印件。
（3）委托非本单位人员申请办理时，应提交委托代理人的身份证复印件及委托书。
（4）租赁铁路场所从事食品流通活动的，应提交经营场所合法使用证明（如房屋所有权证及租赁协议等）。
（5）经营场所和设备布局、卫生设施等示意图（图中应标明面积、位置、用途、尺寸、比例等）。
（6）食品安全管理人员的食品安全知识培训合格证明。
（7）从业人员健康体检和食品安全知识培训合格证明复印件（10 人以上提供花名册，内容包括姓名、性别、年龄、工种、证件编号、发放日期、体检培训单位）。
（8）一次性食品相关用品的检验合格证明。
（9）保证食品安全的规章制度（至少包括食品采购索证验收管理制度、食品储存管理制度、食品及相关物品定位存放制度、设施设备维护和卫生管理制度、病媒生物预防控制制度、从业人员健康管理制度、从业人员食品安全知识培训管理制度、食品安全检查管理制度。）
（10）食品安全突发事件应急处置预案。
（11）经营场所使用集中空调通风系统的经营者，提交集中空调通风系统按规定开展清洗消毒和卫生学评价合格的证明材料。
（12）经营冷藏食品的单位，提交与经营规模相适应的冷藏设施条件说明。
（13）延续许可的，提交原许可证复印件。</td></tr>
</table>

表 5　基本信息表

<table>
<tr><td rowspan="8">原核准内容</td><td>单位名称</td><td></td></tr>
<tr><td>单位地址</td><td></td></tr>
<tr><td>法定代表人（负责人或业主）</td><td></td></tr>
<tr><td>类别</td><td></td></tr>
<tr><td>备注</td><td></td></tr>
<tr><td>许可证编号</td><td></td></tr>
<tr><td>许可证发证时间</td><td>年　月　日</td></tr>
<tr><td>许可证有效期限</td><td>年　月　日至　年　月　日</td></tr>
<tr><td colspan="3">申请变更内容（请在相应的□内打“/”）：
□单位名称；□法定代表人（负责人或业主）；□地址名称；
□类别；□备注；□其他（——）</td></tr>
<tr><td colspan="3">申请变更内容变更为：</td></tr>
<tr><td colspan="3">附申报资料
1. 原许可证复印件
2. 变更原因说明
3. 有关部门出具的核准变更证明材料
4. 委托非本单位人员办理申请时，委托代理人的身份证复印件及委托书</td></tr>
<tr><td colspan="3">保证申明
申请人保证：本申请书中所填内容及所附资料均真实、合法。如有不实之处，本人（单位）愿负相应的法律责任，并承担由此产生的一切后果。
申请人（签名）：
年　月　日</td></tr>
</table>

任务三　许可证管理

（1）许可证不得超过有效期限，在超过有效期限的 30 日内到所在地监督部门申请办理延续手续。

（2）不得存在转让、涂改、出借、倒卖、出租许可证等行为。

（3）不得擅自改变许可类别、备注项目，如需改变，到所在地监督部门申请变更手续。

（4）不得擅自改变经营地址，如需改变，到所在地监督部门申请变更手续。

（5）按规定悬挂或摆放许可证、餐饮服务食品安全监督动态等级公示牌，做到亮证经营。

项目九　铁路餐车和高铁餐吧食品安全管理

任务一　卫生管理要求

（1）餐车餐饮服务许可证应悬挂在前厅醒目位置，向旅客公示，以便于监督。

（2）食品安全等级和食品安全投诉电话公示在醒目位置，便于接受社会公众监督。任何组织和个人有权举报铁路餐饮服务和食品流通许可实施过程中的违法行为，铁路食品安全监督管理办公室应在醒目位置公示食品安全投诉举报电话，及时受理旅客食品安全投诉事件，并采取调查处理措施。

（3）配有食品表面和中心温度计并能够正确使用。

（4）配有食品安全管理手册。

① 客运段旅服车间、餐车班组建立健全食品安全管理制度。食品安全管理制度主要包括：从业人员健康管理制度和培训管理制度，加工经营场所及设施设备清洁、消毒和维修保养制度，食品、食品添加剂、食品相关产品采购索证索票、进货查验和台账记录制度，关键环节操作规程，餐厨废弃物处置管理制度，食品安全突发事件应急处置方案，投诉受理制度以及食品药品监管部门规定的其他制度。原料、半成品、温度计、作业指导书。

② 食品安全管理手册制订应全面详细规范，必须符合国家相关法律、法规、规章的要求，并具有可操作性。

（5）食品进货清单登记。

① 餐车的餐料及其他食品相关产品应由统一部门采购、配送。集中配送时应有供货清单，能出具索证索票资料。

② 餐车采购食品、食品添加剂及食品相关产品要进行索证索票并有登记。

③ 沿途补料点具有合法有效的资质证明，并经监督和主管部门审核、备案。

④ 餐车班组沿途补料时，严格采购食品数量、种类与进货清单相符，沿途补料有记录，不得有私自上料的行为。

（6）食品定型定量包装。

① 预包装食品包括直接提供给消费者的食品（即可以直接食用的）以及非直接提供给消费者的食品（即冷链盒饭、半成品等）。

② 餐车所有定型定量包装的食品及原料均应标示食品名称、净含量、生产日期、

保质期和储存条件等，且标识完整清晰。

③ 定型定量包装的食品包装完整，无破损。

（7）配有标准化菜谱。

① 餐车主管部门应统一制定标准化菜谱（包括菜品名称、配料、净含量及图片等）。

② 餐车加工的饭菜符合应有的数量和质量，同时对豆制品、四季豆等高风险食品加工过程应有质量控制措施。

③ 餐车配有标准化菜谱，并有质量登记。

（8）食品加工预制质量。

餐车加工预制是指餐车为满足经营需要，在开始销售前先期加工半成品的行为。要求不能将预制加工品作为成品直接销售，加工、储存过程应符合操作规程要求，预制食品质量符合卫生要求。

（9）从业人员个人卫生。

食品安全管理人员应对从业人员经常进行相关卫生法律法规标准和食品安全知识的培训，使从业人员熟悉和掌握与岗位匹配的卫生知识。从业人员应保持良好的个人卫生，工作时应穿戴清洁的工作衣帽，头发不得外露，不得留长指甲、涂指甲油、佩戴饰物。工作服应定期更换，保持清洁。不得将私人物品带入经营场所。不得在食品经营区内吸烟、饮食或从事其他可能污染食品的行为。

（10）用水水质。

① 列车餐车生活饮用水水质各项指标应符合《生活饮用水卫生标准准（GB 5749—2006）要求。

② 储水水箱及蓄水设施应每年进行一次全面清洗、消毒，并对水质进行检验，及时发现和消除污染隐患，保证旅客饮水的卫生安全。

任务二　前厅卫生要求

（1）前厅台面地面四壁顶棚清洁。

（2）列车餐车保洁应做好日常的清扫保洁工作，做到车窗玻璃无污点、污道，边角无积垢。

（3）前厅桌椅应保持干净整齐，使用良好，无破损。桌套、椅套无积垢无污渍；餐车座席边角缝隙无杂物。

（4）前厅窗帘应保持干净整齐，使用良好，无破损、无积垢污渍。

（5）陈列柜应保持干净整洁：物品定位摆放，无杂物。

（6）空气质量符合国家标准要求

① 旅客列车应保持通风换气设施设备完好，使用正常。

② 旅客列车应保持厢体内的空气流通，无异味、恶臭。

③ 应以车底为单位每年进行一次空气质量检测，保证检测结果符合客车内的空气质量、噪声及照度卫生要求。

④ 高原列车在高原环境下需进行大气氧分压检测。

任务三　后厨卫生要求

一、后厨物品定位明确有定位图

餐车后厨应制订物品定位图，明确后厨物品的存放位置，定位图应张贴于操作间内部出菜口上方或门楣处。后厨物品应按定位图指示定位摆放。

二、后厨门窗四壁顶棚清洁无霉斑无积垢

餐车后厨应保持卫生整洁、窗明几净，无死角。厨房操作间、水池无油污，排气扇无油垢。

三、后厨地面清洁

厨房操作间地面应保持清洁干净，无杂物、积垢、积水。

四、后厨地漏有盖无垃圾排放痕迹

餐车地漏应能防止废弃物流入及浊气逸出（如带水封地漏），同时还能防止防鼠类侵入。加强对餐车从业人员的教育，后厨严禁从地漏排放垃圾污水，防止生活垃圾对铁路沿线造成污染。

五、盖布抹布清洁有使用标志不混用混放

（1）餐车后厨盖布、垫布、抹布均易于辨认，能区分使用，经常保持清洁。

（2）盖布、抹布均有生熟标识，盖布还应有正反标示。

（3）后厨盖布，抹布管理措施到位，无混用混放现象。

六、操作台面清洁功能分区明确

（1）餐车后厨应按功能分区域进行操作，包括粗加工场所、切配场所、餐用具清洗消毒场所、烹饪场所、餐用具保洁场所，各区域之间有标志线或指示标识明确区分。

（2）操作台面经常保持清洁，防止加工后的成品与半成品、原料交叉污染。

七、餐厨垃圾袋装定位存放并按规定投放

餐车应配备足够使用的垃圾袋；餐车垃圾应及时清理，袋装收集；要将垃圾投放于固定位置的垃圾箱（桶）内；要及时清理已盛满的垃圾箱（桶），做到装袋、封口，定位存放于风挡处或车门处；垃圾下车投放必须在指定站进行，要按照指定站标示位置投放，不得随意摆放。

八、餐厨垃圾袋有专用标识且质地良好

（1）餐厨垃圾袋标识必须符合国家和铁道部的要求，标识齐全，标注有“餐厨垃圾袋”及段别标识，便于溯源，减少垃圾随意倾倒的现象。

（2）垃圾袋质量必须符合国家标准，做到无明显异臭；袋膜外观均匀、平整，无妨碍使用的气泡、穿孔及鱼眼僵块、丝纹、挂料线等瑕疵。

（3）餐车餐厨垃圾袋应坚固耐用，抗渗漏性能良好，厚度在 0.04 mn 以上，承重在 4 kg 以上。

任务四　设施设备要求

一、设施设备齐全无病害性能良好使用正常

餐车设施设备应建立维修保养制度，专人管理、专人负责，使其保持良好的运行状况。

食品加工、储存、陈列、消毒、保洁、保温、冷藏、冷冻等设施设备应当定期维护，校验计量器具。餐车班组一旦发现有异常情况，应及时向主管部门及车辆部门反映，确保各项设施设备的正常运转和使用。

二、设施设备内外部清洁无积尘、无积垢、无霉斑

餐车使用的设施设备应建立保洁制度，做到专人管理、专人负责，及时清理清洗，使其保持良好的卫生状况。

三、食品容器工具有明显区分标志，不混放混用

（1）用于食品原料、半成品、成品的工具和容器，应分开摆放和使用，并有明显的区分标识。

（2）原料加工中切配动物性食品、植物性食品、水产品的工具和容器，应分开摆放和使用，并有明显的区分标识。

（3）冰箱等冷冻冷藏设施按“原料”“半成品”标识，剩余熟食品冷藏保存放置在半成品冰箱内。

（4）各食品容器、工具、冷藏冷冻设施严格按照标识使用，不得混放混用。

四、塑料食品容器标志含义

塑料食品容器底部三个箭头组成的三角形，表示“可回收再利用”。三角形内的数字代表不同的塑料材料，“5”表示它的主要制造材料为聚丙烯，简称PP，此种原材料适用于各种食物包装，其特点为无毒无味、安全卫生环保，现被广泛应用于食品包装行业。用PP制作的食品容器具有透气性佳、耐热温度高且有较高的耐冲击性，抗多种有机溶剂和酸碱腐蚀的特点，是可用于微波炉加热的、可在清洁后重复使用的塑料食品容器，餐车所使用的塑料食品容器应有可回收再利用（三个箭头组成的三角形）和代表聚丙烯材质的“5”的标志。

五、冷藏、冷冻温度要求

（1）冰箱应有外显式温度指示计或配备有冰箱温度计，并确保温度的显示是准确的。

（2）餐车班组应随时检查冰箱温度，一旦发现超出冷藏或冷冻标准温度范围，应及时向主管部门和车辆部门反映，及时维修以确保冰箱正常运转和使用。

六、冷藏、冷冻设备要求

冷藏冷冻设备应由专人负责，定期除霜，及时清除食物残渣、污渍、血渍，保

持内部清洁。严禁存放非食品物品。

七、冷藏冷冻设备微波炉保洁柜把手有消毒湿巾

（1）各类冷藏冷冻设备、微波炉、保洁柜把手均应保持清洁。

（2）使用含消毒剂的毛巾或定型包装湿巾包裹于门把手处，并及时更换。

（3）消毒湿巾包装标识规范，生产企业卫生许可证编号格式为：（省、自治区、直辖市简称）卫消证字（发证年份）第×××号，在有效期限前使用。

八、纸巾纸包装完好标识齐全符合国家标准

（1）餐车使用的纸巾纸必须执行集中采购，严格审查供应商资质，索取相关证明文件，确保提供给旅客的纸巾符合国家标准。

（2）纸面应洁净，不应有明显纸病、掉粉、掉毛、掉色现象。

（3）对于独立包装的纸巾，纸包装标志应符合标准要求。

（4）产品包装完好，符合标准要求。

任务五　储存运输要求

（1）餐车食品配送车辆应为专用、保持清洁，有必要的冷藏（冻）设施，不与非食品混装混运。

（2）装卸、运输、储存过程做到食品不落地，防止出现食品接触不洁物的情况。

（3）需要低温保存的食品应当在相应的储存条件下按标识分开存放，可常温保存的食品在食品储存柜（室）内存放，保持食品储存柜（室）清洁。

（4）餐车条件有限，为防止食品污染，要求雪糕、水果、啤酒不能在餐车冰箱内存放。

二、食品存放定位图清晰醒目

冰箱、储存柜等食品储存设施应有食品分类存放定位图，且清晰醒目，建议定位图粘贴在柜门处。

三、食品存放要求

食品应有独立包装，食品按保存条件分类分室存放于冰箱、储存柜内，不得有裸放、混放的现象。

四、食品码放合理无堆积无挤压

（1）食品应分类码放，冰箱内植物性食品、动物性食品和水产品分开摆放，食品原料、半成品按标识分开摆放。

（2）应按照“上干下湿”的原则合理摆放。

（3）食品不得堆积、挤压存放。

五、供餐车使用的蔬菜要求

供餐车使用的蔬菜应经粗加工后配送，即去除蔬菜废弃部分，清洗后要在做到洁净无腐烂、无泥垢后再配送上车。

六、冰箱中半成品存放要求

冰箱内的半成品应使用聚丙烯保鲜盒盛装存放，上下层之间应有防止滑脱的措施。

七、保鲜盒要求

盛装半成品的保鲜盒外表面应粘贴食品标签，应标明食品名称、加工日期及时间（具体到时、分）、保质期、保存条件、加工单位等。食品标签的位置、内容应醒目，容易辨认。

任务六　餐饮具卫生要求

一、清洗消毒保洁制度健全药械齐全

应建立、健全餐饮具、食品容器等的清洗消毒保洁制度，内容规范齐全。清洗消毒保洁设施齐全，消毒药械请领数量充足，能够满足正常使用。

二、洗涤消毒剂包装完好、标识齐全、符合国家标准要求

（1）餐车使用的洗涤消毒剂必须执行集中采购制度，要重点把好采购进货关。审查生产单位资质，索取相关证明文件，实验室检验报告符合标准。

（2）洗涤消毒剂应无杂质、无异味；液体产品不分层，无悬浮或沉淀；颗粒及粉状产品不结块。

（3）洗涤消毒剂宜有独立小包装，便于餐车配制使用。小包装标识应有产品名称、生产厂家、生产企业卫生许可证编号，编号格式为：（省、自治区、直辖市简称）卫消证字（发证年份）第（××）号、有效期限、配制方法及说明等。

（4）推荐执行“一池水、一袋药”，浓度 250 mg/L，每池水消毒数量 150 件。

三、消毒剂配制浓度达到标准要求

严格按消毒剂标识规定方法、浓度进行配制，固体消毒剂应充分溶解。配好的消毒液应定时更换，一般每 4 h 更换一次。使用时要定时测量消毒液浓度，浓度低于要求时应立即更换或适量补加消毒液。

四、餐饮具熟容器清洗消毒效果符合标准要求

（1）餐饮具应在充分洗净后完全浸没于消毒液中进行消毒，避免因油垢影响了消毒效果，消毒后餐饮具应用洁净水冲洗，去除消毒液残留后保洁。

（2）接触直接入口的熟容器、工具等可采取喷洒、擦抹、浸泡等适当方法清洗消毒。

（3）食饮具洁净度 ATP 发光检测法检测合格。

五、一次性餐饮具符合国家标准要求

一次性餐饮具是指预期用餐或类似用途的器具，包括一次性使用的餐盒、盘、碟、刀、叉、勺、筷子、碗、杯、罐、壶、吸管等，也包括有外托的一次性餐具，但不包括无预期用餐目的或类似用途的食品包装物如生鲜食品托盘、酸奶杯、果冻杯等。食品经营单位使用的一次性餐饮具必须执行集中采购制度，要重点把好采购进货关。严格审查供应商资质，索取相关证明文件，确保其符合国家标准。一次性餐饮具的保管使用应实行专人管理，一次性餐饮具大包装袋打开后，应注意在保洁柜内进行保存、取用，杜绝二次污染。

六、一次性餐饮具标注 QS 标志和生产许可证编号

食品包装用塑料和纸制品已经实行市场准入范围，食品包装生产企业应贯彻执行 QS 标志，包括各种一次性餐饮具生产企业。企业食品生产许可证标志及使用通过“企业食品生产许可”的拼音“Qiyeshipinshengchanxuke”的缩写“QS”来表示，并标注“生产许可”的中文字样。企业食品生产许可证标志由食品生产加工企业自行加印（贴）。企业使用“企业食品生产许可证”标志时，可根据需要按式样比例放大或者缩小，但不得变形、变色。

任务七　加工操作要求

一、食用油标识齐全不使用散装食用油

（1）餐车主管部门应统一采购食用油，严格审查供应商资质，索取相关证明文件，做好索证索票及台账登记的工作，确保进购的是符合国家标准的食用油。

（2）杜绝班组私自采购。

（3）检查食用油外包装标识是否符合相关要求。

（4）餐车禁止使用散装食用油。

二、烹调和再加热前确认待加工食品感官性状正常

（1）餐车工作人员在烹饪前应认真检查待加工食品，发现有腐败变质或者其他感官性状异常的，不得进行烹饪加工。

（2）剩余熟食品再加热前，工作人员应确认该食品感官性状正常。

（3）食品烧熟或再加热后至食用前的间隔时间不超过 2 小时。

① 餐车应设立固定集中开餐时间，熟食品加工应根据旅客点餐需要，即时加工，即时食用。

② 根据旅客数量确定加工饭盒的数量，加工宜少量多次，盒饭常温销售、存放的时间不超过 2 小时。

（4）剩余熟食品冷藏保存时间不超过 24 小时。

① 熟食品应尽量当餐食用、剩余熟食品应尽快冷却并冷藏保存。

② 在食品容器外表面粘贴食品标签，应标明食品名称、加工日期及时间（具体到时、分）、保质期、加工单位（人）等。

（5）食品再加热中心温度高于 70 °C。

① 保存温度低于 60 °C、存放时间超过 2 h 的熟食品，需再次利用的应充分加热。

② 冷冻熟食品应在彻底解冻后经充分加热可食用。

③ 烧熟后超过 2 小时的食品经 104 °C 以下冷藏后，供餐前应再次加热。

④ 食品再加热时中心温度应不低于 70 °C。

⑤ 食品再加热次数不超过 1 次。

冷藏食品再加热次数直接影响食品的营养功能及品相，因其反复冷藏、加热，严重时可导致食品安全事故的发生。铁路站车食品经营者应严格控制食品的再加热次数，不得超过 1 次。

任务八　重点项目

一、无有效餐饮服务许可证

（1）在餐饮服务环节从事食品经营的，能出示所属各铁路食品安全监督管理办公室颁发的《餐饮服务许可证》，无伪造、转借、倒卖、出租、出借，或者以其他形式非法转让的。

（2）《餐饮服务许可证》有效期为 3 年，经营行为与许可项目一致，铁路餐车不得加工销售冷菜。

（3）《餐饮服务许可证》应载明经营场所、许可范围、主体类型、负责人、许可证编号、有效期限、发证机关及发证日期，填写要完整规范，无涂改、无空项漏项。

二、从业人员无有效健康合格证明

（1）食品经营者能出示合格的健康证明。健康证明无伪造、无转借。

（2）健康证明在一年有效期限内。

（3）健康证明上的内容（含编号、姓名、性别、职名、发证机关、发证时间、有效期限及发证机关公章等）填写规范完整，无空项漏项，无涂改、无错误。

（4）健康证明一人一证，姓名、职名等内容与实际符合。

三、设施设备病害严重无法正常使用

餐饮服务应当定期维护食品加工、储存、陈列、消毒、保洁、保温、冷藏、冷冻等设备与设施，校验计量器具，及时清理清洗，确保正常的运转和使用。做到冰箱、冰柜温度的控制符合要求，食品容器洗消设备符合消毒要求；配餐单位室内温度控制符合要求，具备运送热藏或冷藏食品的容器、车辆条件和温度控制装置，并达到规定要求。

四、餐饮具熟容器未按规定消毒

（1）餐饮具熟容器清洗消毒设施设备应保持功能完整，能正常使用，并有专人负责；消毒药品有效，无过期、无结块。

（2）已消毒的餐饮具熟容器必须表面光洁，无油渍、无水渍、无异味。

（3）检查消毒制度执行情况，氯制剂消毒可通过测氯试纸进行测试。

（4）采用其他方法消毒的，用相应的检测方法检测其是否合格。

五、食品无生产时间或保质期限

旅客列车餐车所使用的食品原料、半成品、成品既包括由配送基地集中配送的，又包括餐车为满足提供提前预制的。集中配送的最小使用包装或提前预制的盛装食品的容器包装上均应有标签，应标明加工单位、生产日期及时间、保质期、半成品加工方法，必要时标注保存条件和成品食用方法。

六、食品腐败变质或超保质期限

（1）餐饮服务者在加工及销售食品的过程中应认真检查食品及原料的感官性状及保质期限，出现腐败变质或超过保质期限的食品原料、半成品、成品不得加工销售。

（2）食品感官性状是否异常按以下原则进行判断：

① 果蔬类食品：绿叶菜腐烂、霉变、生虫，被其他有毒有害物质污染；

② 畜禽肉类：皮肤见出血点，无光泽，肉质深红、脂肪发黄、无弹性、有脓肿、见病灶、有异臭味；

③ 水产品：黏液混浊、有异臭味、鳞片脱落；

④ 豆制品：有酸味、色红、发黏、发霉、虫蛀；

⑤ 肉制品：出现黏液、霉斑、异臭味、脂肪发黄、有酸味、无光泽、无弹性；

⑥ 禽蛋类：蛋壳破溃或光滑、有暗影霉斑，有异臭味；

⑦ 调味品：色泽不正常、有沉淀、有霉变浮沫、有异味；

⑧ 粮食类；有异味，有异物、面粉水湿结块霉变、有明显仓储公害（鼠粪、生虫等）及其他污染。

（3）超过保质期的食品按照包装标注的食品生产日期与保质期进行判定。

（4）为保证餐车使用的原料及半成品的安全，未经同意私自采购行为按腐败变质或超保质期进行判定。

七、食品储存运输装卸不符合安全要求

运送食品及原料的车辆应专用、保持清洁，有必要的冷藏（冻）设施，装卸过程中应避免污染。直接接触食品的包装箱、袋等应当安全、无害。需要低温保存的食品应当在相应的储存条件下存放。由于条件所限，为防止食品原料、半成品出现及成品腐败变质或受到污染，餐车冰箱内不应存放雪糕、啤酒、水果等食品。

八、熟制加工食品中心温度低于 70 °C

保证彻底杀灭食品中的病原菌，在烹饪及食品再加热的过程中，应保证食品彻底加热，做到烧熟煮透，其加工食品的中心温度应不低于 70 °C。

九、经营过程有交叉污染

交叉污染是指食品、食品加工者、食品加工环境、工具、容器、设备、设施之间生物或化学的污染物相互转移的过程。餐饮服务者应严格落实食品经营过程中防止交叉污染的各项措施，避免食品接触有毒物、不洁物，被包装材料、容器、运输工具等污染。做到成品与半成品、成品与原料、半成品与原料分开存放。各类工具、容器及冰箱等有明显标识，加工人员必须持有效健康证明，操作时须戴口罩、手套和帽子。

十、重复使用一次性餐饮具

不得重复使用一次性餐饮具。

十一、随意倾倒垃圾污水

食品生产经营者应配备与生产经营的食品品种、数量相适应的洗涤以及处理废水、存放垃圾和废弃物的设备或者设施。垃圾污染物应密闭存放，防止食品污染。不得随意（违规）倾倒污水垃圾。

任务九　高铁动车餐吧安全管理要求

（1）持有效餐饮服务许可证，醒目摆放；并公示食品安全投诉电话；经营行为与许可项目一致，不得超出范围经营。

（2）食品从业人员持有效健康证上岗从事食品加工经营工作，坚持从业人员晨检制度。

（3）应当定期维护食品加工、储存、陈列、消毒、保洁、保温、冷藏、冷冻等设备与设施，校验计量器具，及时清理清洗，确保正常的运转和使用。做到冰箱、冰柜温度的控制符合要求；食品容器洗消设备符合消毒要求；配餐单位室内的温度控制要符合要求，具备运送热藏或冷藏食品的容器、车辆条件和温度控制装置，并达到规定要求。

（4）盒饭保存温度和时间：冷链盒饭保存温度应达到 0 °C ~ 10 °C，保存时间不超过 24 小时；热链盒饭的保存温度应不低于 60 °C，保存时间不超过 4 小时。销售前应充分加热，加热后食品中心温度应不低于 70 °C；无论是冷藏餐还是常温餐，加热后 5 分钟内未出售的，应放入车载保温柜（70 °C 以上）进行保温存放，保存时间不得超过 3 小时，如果超过 3 小时，应作为报废餐予以处理。

（5）食品储存运输装卸应符合安全要求，运送食品及原料的车辆应专用、保持清洁，有必要的冷藏（冻）设施，装卸过程中应避免污染。直接接触食品的包装箱、袋时应当安全、无害。需要低温保存的食品应当在相应的储存条件下进行存放；冷链盒饭储存、运输过程中的断链时间不得超过 20 分钟；储存温度低于 10 °C。

（6）餐饮服务者应严格落实食品经营过程中防止交叉污染的各项措施，避免食品接触有毒物、不洁物或被包装材料、容器、运输工具等污染。做到成品与半成品、成品与原料、半成品与原料分开存放。各类工具、容器及冰箱、热藏箱等有明显标识。

（7）不得重复使用一次性餐饮具，一次性餐饮具符合国家标准要求。

（8）应配备食品中心温度计，定期抽查加热后食品中心温度，不得低于 70 °C。

（9）食品、餐饮具等用品应定位存放，避免生熟混放、混用。垃圾污染物应密闭存放，防止食品污染。

（10）应保持良好的个人卫生，操作时应穿戴清洁的工作服、工作帽，操作时须戴口罩、手套和帽子；不得留长指甲，涂指甲油，佩戴饰物；操作时手部应保持清洁，操作前手部应洗净。

（11）餐饮具按照规定进行彻底消毒，餐车随车携带餐饮具消毒药械，消毒药应在产品有效期内，无过期无结块；消毒剂配比浓度达到标准要求（有效氯浓度 250 mg/L）；已消毒的餐饮具熟容器必须表面光洁，无油渍、无水渍、无异味。

项目十　餐饮食品安全管理

任务一　重大活动食品安全

重大活动食品安全监督工作，应依据《中华人民共和国食品安全法》《中华人民共和国食品安全法实施条例》《餐饮服务安全监督管理办法》《突发公共卫生事件应急条例》等法律、法规、规范的规定进行。

一、登记备案要求

应于活动举办 20 天前报主管卫生行政部门或监督机构登记备案：

（1）重大活动名称、举办时间、举办地点、参加人数。

（2）主办单位名称、联系人、通信方式。

（3）接待单位名称、数量、地址、联系人及通信方式。

（4）参与活动人员驻地分布和餐饮、住宿情况。

（5）供餐单位、供餐形式、供餐地点及重要宴会、旅游活动、重大活动期间指定或赞助食品等相关情况。

二、重大活动接待单位必须具备下列基本条件

（1）持有效的餐饮服务许可证。

（2）具备与重大活动供餐人数、规模相适应的接待服务能力。

（3）食品卫生监督量化分级管理达到 A 级标准（或具备与 A 级标准相当的卫生条件）。

（4）食品从业人员持有效健康检查证明，健康档案记录完备。

（5）食品及原料供应渠道符合卫生要求，相关证件资料完备。

（6）生活饮用水水质符合国家生活饮用水的卫生标准。

（7）省级卫生行政部门根据重大活动情况提出的其他条件。

三、食品安全监督员全程或重点监督保障工作要求

配合卫生行政部门指派的食品安全监督员做好重大活动评估、全程或重点监督

保障工作。

全程食品安全监督主要包括：

（1）审查食谱、食品采购、食品库房、从业人员健康、加工环境、加工程序、冷菜制作、餐具清洗消毒、备餐与供餐时间、食品中心温度、食品留样、自带食品和赞助食品等内容。

（2）卫生行政部门选派专职卫生监督人员进驻重大活动现场，对食品生产加工制作环节进行动态卫生监督，填写卫生监督笔录和卫生监督意见书。

（3）实施食品卫生计划监测和现场食品卫生快速监测。

重点食品安全监督主要包括：

① 审查食谱、食品采购、从业人员健康、冷菜制作、餐具清洗消毒、食品留样等内容。

② 根据重大活动规模、人数确定是否选派卫生监督人员进驻重大活动现场。

③ 对食品生产加工制作重点环节进行动态卫生监督，填写卫生监督笔录和卫生监督意见书，必要时进行食品卫生监测。

四、接待单位不得使用下列食品

（1）食谱审查认定可能引发食物中毒的食品。

（2）卫生检验可疑阳性的生活饮用水和食品。

（3）未能出示有效许可证的直接入口食品。

（4）超过保质期限的食品、食品原料、半成品和成品。

（5）外购散装直接入口的熟食制品。

（6）省级卫生行政部门为预防食物中毒而规定禁止食用的食品。

（7）国家、地方法律法规规定的其他禁止生产经营的食品。

五、重大活动餐饮服务每餐次的食品成品应留样

留样食品应按品种分别盛放于清洗消毒后的密闭专用容器内，并放置在专用的冷藏设施中，在冷藏条件下存放 48 h 以上，每个品种留样量应满足检验需要，不少于 100 g，并记录留样食品名称、留样量、留样时间、留样人员、审核人员等。

六、发生可疑食品污染、食物中毒等突发公共卫生事件时的要求

重大活动接待单位应向所在地区卫生行政部门和重大活动主办单位报告并采取以下措施。

（1）配合医疗卫生机构抢救并治疗病人。

（2）立即停止食品生产加工和供餐活动。

（3）保留造成或者可能导致食品污染、食物中毒的食品及原料、工具、设备和现场。

（4）配合卫生行政部门现场调查取证，如实提供食品留样及相关证据和材料。

（5）依照卫生行政部门提出的卫生监督意见立即做出整改。卫生行政部门应立即启动应急处理预案，组织对中毒人员进行救治，对可疑中毒或污染食物及有关工具、设备和现场采取临时控制措施，开展现场卫生学和流行病学调查及采取其他处置措施。

任务二　铁路运营食品安全

一、品安全事故

（1）食物中毒指摄入了含有生物性、化学性有毒有害物质的食品或者把有毒有害物质当作食品摄入后出现的非传染性（不属于传染病）的急性、亚急性疾病。

（2）食源性疾病，指食品中致病因素进入人体引起的感染性、中毒性等疾病。

（3）食品污染是指食品及其原料在生产和加工过程中，因农药、废水、污水各种食品添加剂及病虫害和家畜疫病所引起的污染，以及霉菌霉素引起的食品霉变，运输、包装材料中有毒物质和多氯联苯、苯并芘所造成的污染的总称。

（4）食品安全事故，指食物中毒、食源性疾病、食品污染等源于食品对人体健康有危害或者可能有危害的事故。

二、中毒食品

毒食品是指含有有毒有害物质并会引起食物中毒的食品。

（1）细菌性中毒食品，指含有细菌或细菌毒素的食品。

（2）真菌性中毒食品，指被真菌及其毒素污染的食品。

（3）动物性中毒食品，主要有两种：

① 将天然含有有毒成分的动物或动物的某一部分当作食品；

② 在一定条件下，产生了大量的有毒成分的可食的动物性食品（如鲐鱼等）。

（4）植物性中毒食品，主要有三种：

① 将天然含有有毒成分的植物或其加工制品当作食品（如桐油、大麻油等）。

② 在加工过程中未能破坏或除去有毒成分的植物当作食品（如木薯、苦杏仁等）。

③ 在一定条件下，产生了大量的有毒成分的可食的植物性食品（如发芽马铃

薯等)。

(5)化学性中毒食品，主要有四种。

① 被有毒有害的化学物质污染的食品。

② 指误成为食品、食品添加剂、营养强化剂的有毒有害的化学物质;

③ 添加非食品级的或伪造的或禁止使用的食品添加剂，营养强化剂的食品，以及超量使用食品添加剂的食品。

④ 营养素发生化学变化的食品(如油脂酸败)。

三、食物中毒的特点

食物中毒的诊断标准主要以流行病学调查资料及病人的潜伏期和中毒的特有表现为依据，实验室诊断是为了确定中毒的病因而进行的。有以下特点:

(1)中毒病人在相近的时间内均食用过某种共同的中毒食品，未食用者无中毒现象。停止食用中毒食品后，发病很快停止。

(2)潜伏期较短，发病急剧，病程亦较短。

(3)所有中毒病人的临床表现基本相似。

(4)一般无人与人之间直接传染的情况。

四、食物中毒的确定

食物中毒的确定应尽可能有实验室诊断资料。由于采样不及时或已用药或其他技术、学术上的原因而未能取得实验室诊断资料时，可判定为原因不明的食物中毒，必要时可由两名副主任医师以上的食品卫生专家进行评定。

五、食物中毒的常见原因

(一)细菌性食物中毒常见原因

(1)生熟交叉污染：如熟食品被生的食品原料污染，或被与生的食品原料接触过的表面(如容器、手、操作台等)污染，或接触熟食品的容器、手、操作台等被生的食品原料污染。

(2)食品储存不当。如熟制高风险食品被长时间存放在 10 °C 与 60 °C 之间的温度条件下(在此温度下的存放时间应小于 2 小时)，或易腐原料、半成品食品在不适合的温度下长时间储存。

(3)食品未烧熟煮透。如食品烧制时间不足、烹饪前未彻底解冻等原因使食品加工时的中心温度未达到 70 °C。

（4）从业人员带菌污染食品。从业人员患有传染病或是带菌者或有手部化脓伤口的，操作时通过手部接触等方式污染食品。

（5）经长时间储存的食品食用前未彻底再加热至中心温度 70 °C 以上。

（6）进食未经加热处理的生食品。

（二）化学性食物中毒的常见原因

（1）作为食品原料的食用农产品，在种植养殖过程或生长环境中受到化学性有毒有害物质污染或食用前有毒农药或兽药残留剂量较多。

（2）食品中含有天然有毒物质，食品加工过程未去除。如豆浆未煮透使其中的胰蛋白酶抑制物未彻底去除，四季豆加热时间不够使其中的皂素等没有完全遭到破坏。

（3）食品在加工过程受到化学性有毒有害物质的污染。如误将亚硝酸盐当作食盐使用。

（4）食用有毒有害食品，如发芽马铃薯、河豚。

六、预防常见食物中毒的基本方法

（一）预防细菌性食物中毒的基本原则和关键点

预防细菌性食物中毒，应根据防止食品受到病原菌污染、控制病原菌的繁殖和杀灭病原菌三项基本原则采取措施，其关键点主要有以下几个。

（1）避免污染。

即避免熟食品受到各种病原菌的污染。如避免生食品与熟食品发生接触；经常性洗手，接触直接入口食品的人员还应消毒手部；保持食品加工操作场所清洁；避免昆虫、鼠类等动物与食品接触。

（2）控制温度。

即控制适当的温度以保证杀灭食品中的病原菌或防止病原菌的生长繁殖。如加热食品时应使中心温度达到 70 °C 以上。储存熟食品，要及时热藏，使食品温度保持在 60 °C 以上，或者及时冷藏，把温度控制在 10 °C 以下。

（3）控制时间。

即尽量缩短食品的存放时间，不给病原菌生长繁殖的机会。熟食品应尽量当餐食用，食品原料应尽快使用完。

（4）清洗和消毒。

这是防止食品受到污染的主要措施。与食品接触的所有物品应清洗干净，凡是接触直接入口食品的物品，还应在清洗的基础上进行消毒。一些生吃的蔬菜水果也应进行清洗消毒。

（5）控制加工量。

食品的加工量应与加工条件相吻合。食品加工量超过加工场所和设备的承受能力时，难以做到按食品安全要求加工，极易造成食品污染，引起食物中毒。

（二）预防常见化学性食物中毒的措施

（1）农药引起的食物中毒。

蔬菜粗加工时以食品洗涤剂（洗洁精）溶液浸泡 30 分钟后再冲净，烹饪前再烫泡 1 分钟，可有效去除蔬菜表面的大部分农药。

（2）豆浆引起的食物中毒。

烧煮生豆浆时将桶上泡沫除净，煮沸后再以文火维持煮沸 5 分钟左右，可使其中的胰蛋白酶抑制物彻底分解破坏。应注意豆浆加热至 80 °C 时，会有许多泡沫上浮，出现“假沸”现象。

（3）四季豆引起的食物中毒。

烹饪时先将四季豆放入开水中烫煮 10 分钟以上再炒。

（4）亚硝酸盐引起的食物中毒。

加强亚硝酸盐的保管，避免误作食盐使用。

七、食品安全事故处置

铁路运营中的食品经营者应当制定食品安全事故处置方案，定期检查各项食品安全防范措施落实情况。

发生食品安全事故时，应当立即存封已导致或者可能导致食品安全事故的食品及其原料、工具及用具、设备设施，在 2 小时内向铁路食品安全监督机构报告并按照要求采取控制措施，配合事故调查处理，提供相关资料和样品。

有关单位和个人应当配合食品安全事故调查处理工作，按照要求提供相关的资料和样品，不得拒绝。任何单位或者个人不得阻挠、干涉食品安全事故的调查处理。

附 录

附图 1 职业形象及服务礼仪标准（以遵义市旅游学校学生为例）

附图 1.1

附图 1.2

附图 1.3

附图 1.4

附图 1.5

附图 1.6

附图 1.7

附图 1.8

附图 1.9

附图 1.10

附图 1.11

附图 1.12

附图 1.13

附图 1.14

附图 1.15

附图 1.16

附图 1.17

附图 1.18

附图 1.19

附图 1.20

附图 1.21

附图 1.22

附图 1.23

附图 1.24

附图 1.25

附图 1.26

附图 1.27

附图 1.28

附图 1.29

附图 1.30

附图 1.31

附图 1.32

附图 1.33

附图 1:34

附图 2　遵义市旅游学校教学活动风采

附图 2.1　2012 年春西江千户苗寨实地教学

附图 2.2　2014 春学生到遵义会议纪念馆实地教学

附图 2.3　公路运输管理专业收费站实训

附图 2.4　红军山现场导游教学（1）

附图 2.5 红军山现场导游教学（2）

附图 2.6 红军山现场导游教学（3）

附图 2.7 酒店餐饮摆台训练（1）

附图 2.8 酒店餐饮摆台训练（2）

附图 2.9　酒店中式铺床实训

附图 2.10　礼仪教学

附图 2.11　清明节活动（到红军山扫墓）

附图 2.12　四渡赤水纪念馆现场导游教学

附图 2.13　我校学生在为遵义市“两会”服务时与市政协主席陈凌华合影

附图 2.14　西江苗寨风雨桥上现场教学

附图 2.15　现场导游教学

附图 2.16　学生模拟讲解

附图 2.17　云门屯导游教学

附录 3　遵义市旅游学校设备设施

附图 3.1　理实一体化客房实训室（1）

附图 3.2　理实一体化客房实训室（2）

附图 3.3　理论教学楼

附图 3.4　客房中式铺床实训室（1）

附图 3.5　客房中式铺床实训室（2）

附图 3.6　康乐实训室

附图 3.7　咖啡实训室（1）

附图 3.8　咖啡实训室（2）

附图 3.9　咖啡、调酒室外吧台

附图 3.10　酒店前厅实训室

附图 3.11　轨道交通实训室

附图 3.12 茶艺实训室（1）

附图 3.13 茶艺实训室（2）

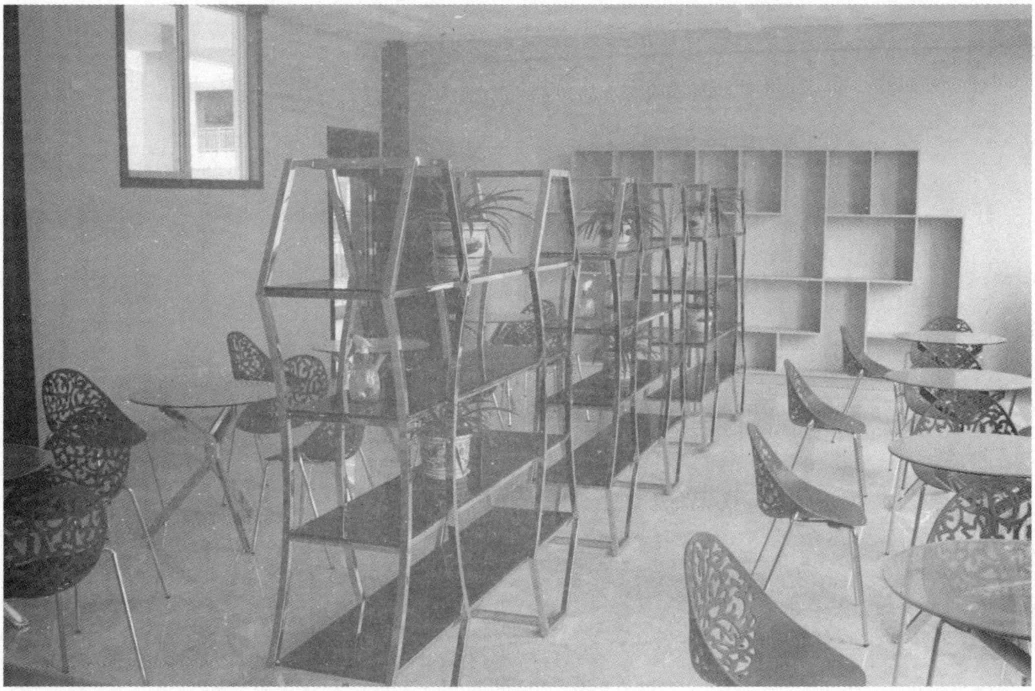

附图 3.14　插花实训室（1）

附图 3.15　插花实训室（2）

附图 3.16 保洁实训室

附图 3.17 办公大楼

附图 3.18　3D 模拟导游室（1）

附图 3.19　3D 模拟导游室（2）

附图 3.20　中餐宴会摆台实训室

附图 3.21　形体训练室

附图 3.22　香道实训室

附图 3.23　西餐实训室

附图 3.24　调酒实训室

附图 3.25　培训教室（1）

附图 3.26　培训教室（2）

附图 3.27　旅行社实训室

附图 3.28　理实一体化中餐宴会包房实训室